AF559333

SIMPLY SOULFOOD

GESUNDE REZEPTE
ZUM WOHLFÜHLEN

Marlena Izdebska

Frühstück

Lunch

Abendessen

Sweets

Erläuterungen zu den Maßangaben:

Bch – Becher (ca. 250 ml)
Bd – Bund
cm – Centimeter
Do – Dose
EL – Esslöffel
g – Gramm
gr – groß
l – Liter
mg – mittelgroß
ml – Milliliter
n.B. – nach Belieben
Stg – Stängel
TAS – Tasse (ca. 125 ml)
TL – Teelöffel
TR – Tropfen
Kn – Knolle
Z – Zehe

Vorwort

Die wichtigste Zutat beim Kochen ist die Liebe – aber was verstehen wir darunter?
Liebe zum Geschmack und zu Aromen, Genuss, Fernweh, Heimweh, Liebe zum Kochen, zur Zubereitung, zum Anrichten, viele Erinnerungen, Liebe zu anderen Menschen, zu mir selbst – das verstehe ich darunter.
Wie ich bereits in meinem ersten Buch „Best of Bowls" sagte: „Kochen ist eine meiner größten Leidenschaften, schon seitdem ich denken kann" – und daran hat sich nichts verändert. Oder doch?

Noch zu den Zeiten, als ich in Polen lebte, besuchte ich eine Fachschule für Gastronomie, um Kochen nicht nur „von der Küchenseite" zu verstehen, sondern um die wichtigen Zusammenhänge zwischen Geschmack, Aroma, Temperaturen, Texturen und Nährwerten in verschiedenen Lebensmitteln zu erforschen. Da mich aber mein Werdegang in andere Berufe geführt hat, hatte ich allerdings noch vor paar Jahren nur das Vergnügen, Rezepte zu entwickeln und zu kochen, nur weil ich es liebte, und um anderen damit Freude zu machen. So kochte ich hauptsächlich nur für meine Familie, für meine Freunde und für mich selbst – was ich im Nachhinein als eine positive Wendung ansehe. Ich hatte die Möglichkeit, mir die Zeit zu nehmen, um vieles auszuprobieren und um zu experimentieren ohne jeglichen Druck.

In der Zeit, in der ich noch andere Berufe ausübte und nicht über so viel Freizeit verfügte, habe ich gelernt, dass wir uns das Kochen nicht verkomplizieren sollten, sondern mit ein paar frischen und aromatischen sowie am besten regionalen und saisonalen Lebensmitteln, die man in einfachen Geschäften oder auf dem Frischemarkt kaufen kann, experimentieren sollte.

Und was sich so mit der Zeit änderte?
Seit einer gewissen Zeit ist Kochen und Rezepte entwickeln nicht nur meine Leidenschaft, sondern auch die Art, wie ich arbeite. Neben meiner Tätigkeit als Kochbuchautorin und Köchin beschäftige ich mich die meiste Zeit mit dem Üblichen, was zu den Aufgaben einer Instagram-Bloggerin gehört: mit Food Styling, mit Food Fotografie, aber auch mit Rezeptentwicklung für Menschen mit Glutenunverträglichkeit, mit Rezeptentwicklung für Menschen, die eine Einführung in eine ausgewogene und einfache vegetarische und vegane Ernährung brauchen, mit Rezeptentwicklung für Menschen, die ihre Abenteuer in puncto Kochen gern bald erleben möchten, aber auch mit vielen Unternehmen, die ihre neuesten Produkte gern in einfache und schnell zuzubereitende Rezepte einbauen wollen.
Deswegen versuche ich immer das Motto einfach, lecker und gesund zu befolgen:
einfach = schnell und hausgemacht, lecker = frisch, aromatisch und saisonal,
gesund = weil das, was wir essen, neben einem tollen Geschmack etwas Gutes für unsere Seele und unseren Körper tun sollte.

So entstand wieder mal die Idee, die leckersten „Soulfood"-Kreationen in diesem Buch zu präsentieren: Es sind 70 Rezepte für eine gesunde, glutenfreie und abwechslungsreiche, pflanzlichbasierte Ernährung mit dem gewissen Etwas, die dich und deine Familie ohne Reue durch den Tag zufrieden und gesättigt begleiten.
In meinem ersten Buch habe ich für euch „Must-haves" der veganen und vegetarischen Küche zusammengestellt, in diesem aber stelle ich euch ein paar Glücklichmacher vor und erzähle in Kürze, warum es sich aus gesundheitlichen Aspekten lohnt, verschiedene Lebensmittel in unserer Küche ganz oben auf die Einkaufsliste zu setzen.

Jetzt nur kurz dazu, worum es eigentlich bei Soulfood geht.
Traditionelles Soulfood ist eine Küche mit Migrationshintergrund, die die kulinarischen Traditionen Westafrikas, Westeuropas und Amerikas miteinander verbindet. Es gibt aber verschiedene Arten von Soulfood – und ich konzentriere mich auf den pflanzlichbasierten Teil, bereichere es um glutenfreie gesunde Rezepte, mit einem Hauch Aromen aus allen kulinarischen Welten.
Eigentlich ist Soulfood für jeden etwas anderes: Für die einen kann das ein leckerer Auflauf, Pasta, Suppe oder Kuchen sein und für die anderen aber Street Food oder auch leichte Frischekost ... Unsere Küche hat uns ja so viel zu bieten, warum sollten wir uns da begrenzen?
Neben all den köstlichen und einfachen Rezepten findet ihr ebenso ein paar interessante gesundheitliche Fakten zu verschiedenen Lebensmitteln. Jetzt wünsche ich euch viel Spaß beim Nachkochen.

Die wichtigsten Lebensmittel aus der traditionellen pflanzlichen Soulfood-Küche:

- Kichererbsen
- Chiasamen
- Hafer
- grüne Erbsen
- Tofu
- Nüsse und Samen
- Lorbeerblätter
- Kardamom
- Quinoa
- Zwiebeln
- Rucola

- Ghee
- Kokos
- Pilze
- Majoran
- Kumin
- Blumenkohl
- Kakao
- Obst aller Art
- Ingwer
- Zimt
- Sonnenblumenkerne

Gewürze:

- Cayennepfeffer
- Muskatnuss
- Zimt
- Gewürznelken
- Sesam
- Piment
- Safran
- Thymian
- Essig
- Dinkel

ZUTATEN

MY HEALTHY FAVOURITES

Walnüsse

Walnüsse sind kleine Wunder. Sie enthalten das Vitamin E und Melatonin, sodass diese als schützender Stoff Antioxidantien entgegenwirken und Krankheiten vorbeugen können. Zudem sind sie ein wahres Hirnfutter – sie verbessern die Funktion und steigern das eigene Lernvermögen und die Konzentration. On top wirken sich Walnüsse positiv auf Heißhungerattacken aus – wir haben weniger Verlangen nach Schokolade, Chips und Co.

Dinkel

Dinkel hat einen großen Gehalt an Kieselsäure, welche sich positiv auf das Wachstum und die Reinigung von Haut, Haaren und Nägeln auswirkt. Zudem fördert Dinkel, in jeder Form, die eigene Konzentration und kurbelt durch das enthaltene Vitamin B den Stoffwechsel an. Im Vergleich zu Weizen enthält Dinkel wesentlich mehr Eiweiß, welches vorteilhaft für den Muskelerhalt und -aufbau ist.

Hafer

Hafer ist verantwortlich für gesunde Haare, Haut und feste Nägel. Durch das enthaltene B6 birgt es den Vorteil, gegen unruhigen Schlaf zu helfen. Deswegen esse ich gerne morgens in meiner Bowl ein paar Haferflocken. Ein weiterer Pluspunkt, vor allem für mich persönlich, ist, dass in Hafer sehr viel Eisen und Zink vorhanden ist. Bei einer fleischfreien Ernährung ist das ein großer Vorteil, seine Vitamine so aufzunehmen.

Chiasamen

Chiasamen sind reich an Ballaststoffen, Vitaminen und Mineralstoffen wie Vitamin E und Calcium. Hinzu kommt noch das Antioxidans Selen, welches die Zellschädigung verhindert. Das konnte ich bisher auch persönlich schon feststellen. Meiner Haut tun Chiasamen gut. Außerdem entwickelt sich bei Speisen mit dem Superfood ein schnelles Sättigungsgefühl, was indirekt beim Abnehmen helfen kann.

Sonnenblumenkerne

Sonnenblumenkerne sind aus meinen Bowls nicht wegzudenken, eine kleine Portion reicht schon aus, um den Omega-6-Säure-Haushalt abzudecken. Sie schmecken unfassbar gut und sind durch ihre nussige Note in jedem Gericht ein kreatives Topping.

SOULFOOD – Lebensmittel, die glücklich machen:

OMEGA-3-haltige Lebensmittel sind beispielsweise gesunde Speiseöle, Avocados, Rosenkohl, Spinat, Soja, Nüsse, Fisch, Algen und Samen. Omega-3-Fettsäuren sind lebensnotwendig für unseren Organismus. Da die Omega-3-Fettsäuren ALA, DHA und EPA verschiedene wichtige Funktionen im Stoffwechsel übernehmen, ist es empfehlenswert, bei einem Verzicht auf den Verzehr von Fisch, Omega-3-Fettsäuren zu supplementieren.

NÜSSE versorgen uns mit einer Menge Eiweiß, vielen ungesättigten Fettsäuren wie auch Omega-3, die sich positiv auf den Hormonhaushalt und das Herz-Kreislauf-System auswirken. Sie beinhalten ebenso viele B-Vitamine, Vitamin E sowie Magnesium, Kalium, Natrium und Phosphor und auch eine große Menge an Ballaststoffen, die uns satt machen und die Verdauung unterstützen.

SOJA ist nicht nur proteinreich, sondern enthält auch eine Menge Folsäure, Vitamin E, die Vitamine B1 und B6, Kalium und Kalzium, Magnesium, Mangan, Zink, Eisen, Selen, Fluorid und Kupfer. Sie sind reich an mehrfach gesättigten Fettsäuren und Ballaststoffen. Da Soja außerdem viel pflanzliches Eiweiß enthält, nutzt es vor allem Vegetariern als hochwertige Proteinquelle. Sojabohnen werden überwiegend zu Tofu, Sojasoße, Sojamilch und Sojajoghurt verarbeitet.

BANANEN, ANANAS UND PFLAUMEN: Diese Früchte sind nicht nur süß und lecker, sie enthalten auch einen besonders hohen Wert an Tryptophan, welches uns hilft, das Glückshormon Serotonin zu bilden.

BEERENFRÜCHTE sind nicht nur kalorienarm, sondern enthalten viele Vitamine, Ballaststoffe, Mineralstoffe und vor allem gesunde Flavonoide-Pflanzenfarbstoffe, welche einen Nerven schützenden Effekt haben.

KAKAO beinhaltet Magnesium, Kalium und Vitamin E, welche für unseren Körper wichtig sind. Der Verzehr von Kakao kann den Blutdruck senken, macht glücklich(er), aber unterstützt auch unser Herz-Kreislauf-System.

KAFFEE UND SCHWARZTEE machen wacher, erhöhen die Aufmerksamkeit und stimulieren unsere Stoffwechselfunktionen. Koffein hilft gegen Alzheimer, Kaffee schützt vor Diabetes und Gicht, Tee beugt Karies und Rheuma vor. Es ist aber alles eine Frage der Dosis.

VOLLKORNGETREIDE (am besten glutenfrei) z. B. Hafer, Reis, Buchweizen, Dinkel, Hirse, Kolbenhirse und Mais. Haferflocken sind nicht von ungefähr eine der Hauptzutaten für Müsli. Unter dem besten Pseudogetreide für eine Diät befinden sich hingegen Quinoa und Amaranth. Intakte Vollkorngetreide weisen den höchsten Nährwert und gleichzeitig den niedrigsten glykämischen Index unter den Vollkornprodukten auf. Diese können außerdem noch gekeimt werden, um ihren ernährungsphysiologischen Wert noch zusätzlich zu verbessern.

TROCKENFRÜCHTE: Sie sind eine bewusste Alternative zu anderen Naschartikeln. Neben Tryptophan enthalten sie viel Magnesium, welches uns hilft, Stress vorzubeugen, und viele Ballaststoffe, die unsere Verdauung unterstützen.

CHILI, PEPERONI UND PFEFFER lösen die Endorphine aus, welche leichten Schmerz betäuben können. Sie unterstützen dabei auch unsere Verdauung und unseren Kreislauf.

3 gesunde Smoothies

mit Kakao, Erdbeeren und Spinat

5 min

Zutaten für 1 Person

Schokoladig für deinen Kopf

Die gesunde Alternative für sämtliche Schokotiger

1 EL	Kakaopulver
10	Cashewnüsse
5	Datteln
	Zimt
½ Tas	Sojamilch
1 Prise	Salz

Pinkes für die Seele

Dieser fruchtige und leckere Smoothie gibt dir einen guten Start in den Tag

½ Tas	Erdbeeren
10	Mandeln
1 TL	Agavensirup
4 EL	Sojajoghurt
⅓ Tas	Wasser

Grün für deinen Kreislauf

Diese Vitaminbombe gibt dir Kraft für jede Lebenslage

50 g	Spinat
1	Apfel (geschnitten)
1	Banane (geschnitten)
½ Tas	Wasser
½ Tas	Mandelmilch

Gib sämtliche Smoothiezutaten in den Standmixer und mixe diese so lange, bis du einen leckeren und cremigen Drink erhältst.

Bagel

mit Rucola und Süßkartoffel-Kichererbsen-Paste

 10 min

Zutaten für 4 Personen

Paste

1 Dose	Kichererbsen (ohne Flüssigkeit)
1	große gekochte oder in Schale gebackene Süßkartoffel
1 TL	Tahini
1	klein gehakte rote Zwiebel
2	gehackte Knoblauchzehen
½ TL	Kumin
1 Prise	Pfeffer & Salz

Restliche Zutaten

4	Bagel
1	Avocado (in Scheiben geschnitten)
1	Gurke (in Längsstreifen geschnitten)
	süßer Senf

1. Füge die Kichererbsen in eine Schale und zerstampfe sie mit der Rückseite einer Gabel. Füge anschließend alle weiteren Zutaten der Paste hinzu und rühre so lange, bis es eine feste Masse ergibt.
2. Nun schneide die Bagels in der Mitte auf und beginne mit dem Belegen.
3. Beginne mit der unteren Hälfte des Bagels und bestreiche sie mit Senf, belege sie mit Rucola, Paste, Avocadoscheiben und Gurke. (Rolle die Gurken in Röllchen auf.)
4. Bedecke das Ganze mit der oberen Hälfte des Bagels und wiederhole den Vorgang für weitere Bagels.

Kleiner Tipp:

Für die leckere Schärfe von Rucola sorgen Senföle, die auch als Aphrodisiakum gelten. Rucola enthält Vitamin K, Vitamin A und Folsäure wie auch Betacarotin und Antioxidantien, die uns vor Zellschäden und chronischen Entzündungen schützen.

Brombeer-Nicecream-Bowl

mit Bananen

 5 min

Zutaten für 1 Person

2	Bananen
1 Tas	Tiefkühlbrombeeren
½	Apfel
2 EL	Kokoswasser oder Kokosmilch
3 TL	Chiasamen

1. Gib alle Nicecream-Zutaten in dein leistungsstarkes Mixgerät, püriere alles, bis du eine cremige Konsistenz erhalten hast.

2. Dekoriere die Bowl mit deinen Lieblingstoppings und genieße.

Kleiner Tipp:

Brombeeren sind reich an Vitamin C. Genau eine Tasse rohe oder tiefgekühlte Brombeeren enthält ca. 30 Milligramm Vitamin C. Neben Vitamin C sind sie auch reich an Ballaststoffen, Vitamin K und Mangan.

Drachenfrucht-Nicecream-Bowl

mit Preiselbeeren

 5 min

Zutaten für 1 Personen

1	gefrorene Banane
1	frische oder gefrorene rosa Pithaya oder optional
2 EL	Pithayapulver
¼ Tas	gefrorene Preiselbeeren
2 EL	Kokoswasser oder Kokosmilch
3 TL	Chiasamen

1. Gib alle Nicecreamzutaten in dein leistungsstarkes Mixgerät, püriere alles, bis du eine cremige Konsistenz erhalten hast.

2. Dekoriere die Bowl mit deinen Lieblingstoppings und genieße.

Kleiner Tipp:

Drachenfrüchte, auch Pithayas genannt, sind voller Vitamine und Nährstoffe wie auch Antioxidantien. Der regelmäßige Verzehr dieser Früchte kann einen positiven Einfluss auf unsere Gesundheit und unser Wohlbefinden haben. Wir können die Früchte im Handel roh, gefroren oder auch getrocknet als Pulver kaufen.

Gegrilltes Sandwich

mit mediterraner Kichererbsen-Oliven-Paste

 10 min

Zutaten für 1 Person

Kichererbsenpaste

1 Dose	Kichererbsen (ohne Flüssigkeit)
1 Handvoll	schwarze Oliven
1 TL	Leinöl
3 EL	veganer Joghurt
2	gehackte Knoblauchzehen
½ TL	mediterrane Gewürze
1 Prise	Pfeffer & Salz

Restliche Zutaten

4	Scheiben Toastbrot
1	Avocado (in Scheiben geschnitten)
½	Gurke (Scheiben geschnitten)

1 Tue die Kichererbsen in eine Schale und zerstampfe diese mit einer Gabel. Füge anschließend alle weiteren Zutaten der Paste hinzu und rühre so lange, bis es eine feste Masse ergibt.

2 Nun toaste das Brot beidseitig in einem Toaster oder einer Pfanne, bis dieses goldbraun wird. Sobald die Brotscheiben bereit sind, beginne mit dem Belegen des Sandwiches.

3 Beginne mit einer Scheibe Toast und bedecke diese mit Avocadoscheiben. Überstreiche diese nun mit der Paste und füge noch Gurkenrollen hinzu. Bedecke das Ganze mit einer weiteren Scheibe Toast und wiederhole den Vorgang.

Kleiner Tipp:

Oliven sind sehr reich an Vitamin E und anderen starken Antioxidantien. Der Verzehr von Oliven ist gut für das Herz, sie können uns auch vor Osteoporose und Krebs schützen. Neben gesunden Fetten enthalten Oliven viel Natrium, Kalzium, Phosphor und Eisen.

Glutenfreie Crêpes Suzette

mit Orangen und Chiasamen

 15 min

Zutaten für 1 Person

Crêpes

100 g	Buchweizenmehl
1 EL	Tapioka oder Kartoffelstärke
2 EL	Maisstärke
1 EL	gemahlene Chiasamen
350 ml	Pflanzenmilch (Falls der Teig zu dickflüssig ist, gib ein wenig mehr Milch dazu.)
1 Prise	Salz
1 Prise	Backpulver
2 EL	Öl

Soße

	Orangenschale einer Orange
1 EL	Kokosblütenzucker
1 EL	veganes Ghee
1	Glas frisch gepresster Orangensaft

Kleiner Tipp:

Orangen enthalten neben dem hohen Anteil an Vitamin C weitere Vitamine und Mineralien wie Betacarotin, Magnesium, Kalium und Ballaststoffe. Orangen haben alkalisierende und entgiftende Eigenschaften.

1. Gib alle Zutaten in eine Schüssel und verrühre alles gründlich.
2. Erwärme ein klein wenig Öl in einer antihaftbeschichteten Pfanne.
3. Verteile kreisend den Crêpe-Teig in die Pfanne. Brate den Crêpe für ca. 2 Minuten von einer Seite an, bis Luftbläschen entstehen und sich die Ränder von dem Crêpe ohne Probleme von der Pfanne lösen. Wende den Crêpe und brate ihn für eine weitere Minute an.
4. Nach den ersten Crêpes brauchst du kein Öl mehr fürs Braten der restlichen Crêpes.
5. Wenn der restliche Teig in der Schüssel ein wenig dicker wird, gib einen Schuss Wasser dazu und vermische es gründlich. Wiederhole den Bratvorgang, bis der Teig aufgebraucht ist.
6. Nun erhitze eine tiefe und große Pfanne und gib alle Soßenzutaten dazu, reduziere die Hitze und falte die Crêpes wie auf dem Bild und gib die fertigen Crêpes in die Pfanne hinzu.
7. Lass sie für ca. 2 Minuten in der Soße schmoren, serviere nach Belieben mit ein wenig Honig, Schokolade und Orangen.

Glutenfreie Vanilleproteinwaffeln

mit Vanillejoghurt & Früchten

 15 min

Zutaten für 2–3 Personen (6 St.)

Waffeln

60 g	Buchweizenmehl
60 g	Protein deiner Wahl
1 EL	Chiasamen
1 EL	Maisstärke
200 ml	Milch
1 Pck	Backpulver
1 Pck	Vanillezucker
1 EL	Xylit
1 EL	Öl

Toppings

Vanillejoghurt oder dein Lieblingsjoghurt
Obst
Honig oder Agavendicksaft

1 Verrühre alle Waffelzutaten in einer großen Schüssel, bis du einen gleichmäßigen Teig erhältst. Während das Waffeleisen vorheizt (Ich benutze ein antihaftbeschichtetes Waffeleisen.), gibst du für 1 Waffel 2–3 Esslöffel Teig auf das Waffeleisen.

2 Das Gerät schließen und die Waffel fertig backen lassen. Wenn dein Waffeleisen signalisiert, dass die Waffeln fertig gebacken sind (Backzeit pro Waffel ca. 3–5 Minuten), kannst du die Waffeln herausnehmen und mit Joghurt und deinen Toppings nach Belieben servieren.

Kleiner Tipp:

Buchweizen bzw. Buchweizenmehl ist reich an Ballaststoffen, Mineralien und Rutin. Der Konsum von Buchweizen ist mit mehreren gesundheitlichen Vorteilen verbunden, einschließlich einer verbesserten Blutzuckerkontrolle und Herzgesundheit. Der Konsum von Buchweizen hilft auch bei der Verdauung.

Hafer-Pancakes
mit Blaubeeren

 10 min

Zutaten für 2 Personen

1 Tas	Kokosmehl
1 Tas	Haferflocken (Wenn die Textur nicht fest genug ist, nimm ½ Tasse Hafer mehr.)
1 TL	Chiasamen
2 EL	Xylit
2 TL	Backpulver
1 TL	Vanillezucker
1 Prise	Salz
1½ Tas	Milch nach Wahl
1 TL	Öl
1 Handvoll	Blaubeeren

Toppings

1	Banane (in Scheibchen geschnitten)
1 Handvoll	Blaubeeren
	weiße Schokolade oder Nussmus

1. Gib alle Zutaten in deinen Mixer und vermische sie richtig, bis du einen festen Teig erhältst.

2. Mische die Blaubeeren mit einem Löffel vorsichtig unter, bis alles gut kombiniert ist.

3. Erhitze eine flache Pfanne bei mittlerer bis höherer Hitze. Wenn die Pfanne schon heiß ist, gib ¼ Tasse Pfannkuchenteig auf die Pfanne. Lass die Pfannkuchen braten, bis sich Blasen bilden, wenn die Luftbläschen da sind, drehe die Pancakes um und brate sie goldbraun. Serviere die Pancakes mit Bananenscheibe, Blaubeeren und Nussmus deiner Wahl oder auch mit geschmolzener weißer Schokolade.

Kleiner Tipp:

Blaubeeren verdanken Anthocyane nicht nur ihre blaue Farbe, sondern auch viele ihrer gesundheitlichen Vorteile. Der Verzehr von Blaubeeren kann unsere Herzgesundheit, unsere Hautgesundheit, unseren Blutdruck, unseren Zuckerspiegel, unsere Knochenstärke, die Krebsprävention und unsere psychische Gesundheit unterstützen. Eine Tasse Blaubeeren enthält fast ¼ der empfohlenen Tagesdosis an Vitamin C. Blaubeeren kann man roh, gekocht oder auch tiefgefroren essen. Sie eignen sich perfekt für Toppings oder zur Verfeinerung von Sorbets, Desserts, Marmelade, Waffeln, Pfannkuchen, Joghurts, Haferflocken, Müsli oder auch von Gebäck.

Ingwer-Shots

mit Karotten und Honig

 5 min

Zutaten für 1 Person

2	Orangen
2	Zitronen
1	großes Stück Ingwer (150 g)
3 EL	Honig
	frische Kurkuma (5 cm) oder ⅓ TL gemahlene Kurkuma
1 TL	Honigbienenpollen (bei Bedarf)
1 Prise	schwarzer Pfeffer
2	Karotten
1 Tas	Wasser

1. Gib Orangen, Karotten, Ingwer, Kurkuma und Zitronen in eine Saftpresse.

2. Gib den Saft mit Honig und 1 Tasse Wasser in einen kleinen Krug, vermische es gründlich.

3. Genieße den Drink im Glas. Du kannst die Shots ebenso in kleinen Fläschchen einkochen.

Kleiner Tipp:

Ingwer lindert Magenverstimmungen und hilft bei der Verdauung, stärkt das Immunsystem, wirkt entzündungshemmend, bekämpft Infektionen, beschleunigt den Stoffwechsel und reguliert den Blutzucker.

Kokosmilchreis

mit warmen Orangen

 25 min

Zutaten für 4 Personen

Milchreis

2 Tas	Wasser
2 Tas	dünne Kokosmilch
1 EL	Zucker oder Xylitol
1 EL	Kokosraspeln
160 g	Milchreis

Orangen und Toppings

3	geschälte und gehackte Orangen/Blutorangen
2 EL	Zucker oder Xylit
2 EL	Wasser
1	Orange
1 EL	gepuffte Hirse
1 EL	Kokosblütenzucker (optional)

1. Kokosmilch, Wasser und Zucker in einem Topf aufkochen.
Milchreis und Kokosraspeln einrühren und nach Packungsanleitung garen.

2. Koche dann das Wasser, Xylit und die Orangen in einem vorgeheizten Topf für 2–3 Minuten auf und nimm den Topf vom Herd.

3. Wenn der Milchreis fertig gekocht ist, fülle ihn nun schichtweise mit den Orangen und Toppings in Gläser, Tassen oder Schälchen.
Serviere mit geschnittenen frischen Orangen.

Kleiner Tipp:

Orangen enthalten neben dem hohen Anteil an Vitamin C wertvolle Vitamine und Mineralien wie Betacarotin, Magnesium, Kalium, und Ballaststoffe. Orangen haben alkalisierende und entgiftende Eigenschaften.

Lila Chiafrühstück

mit gepuffter Hirse

 5 min

Zutaten für 3 Personen

8 EL	Chiasamen
100 ml	Milch deiner Wahl
500 ml	Heidelbeerkompott
2 EL	Ahornsirup

Für Toppings und das Farbenspiel

2 EL	Joghurt
1 EL	Milch
½ Tas	gepuffte Hirse

1 Weiche 8 EL Chiasamen – am besten über Nacht – in 100 ml Milch deiner Wahl und 500 ml Heidelbeerkompott ein.

2 Am nächsten Morgen rührst du das Ganze gut durch, damit der Pudding weich und glatt wird. Süßen kannst du nach Geschmack mit etwas Ahornsirup, Xylit, Honig oder braunem Zucker.

3 Verteile den Chia-Pudding auf 3 Gläser. Um einen helleren Chia-Pudding zu bekommen, rühre in einem der Gläser 2 EL Joghurt unter.
Um die mittlere lila Farbe zu bekommen, nimm nun ein zweites Glas zur Hand und rühre in den Chia-Pudding 1 EL Milch unter.

4 Schichte nun den dreifarbigen Chia-Pudding mit einem Löffel abwechselnd mit gepuffter Hirse in saubere Gläser.

Kleiner Tipp:

Trotz ihrer winzig kleinen Größe sind Chiasamen voller wichtiger Nährstoffe. Sie sind eine ausgezeichnete Quelle für Omega-3-Fettsäuren, die reich an Antioxidantien sind.
Sie liefern uns eine große Menge an Ballaststoffen, Eisen und Kalzium. Die in Chia enthaltenen Omega-3-Fettsäuren erhöhen das HDL-Cholesterin, das „gute" Cholesterin, das uns vor Herzinfarkt und Schlaganfall schützt. Chiasamen eignen sich neben dem leckeren Pudding als Grundlage für Smoothies oder vegane Marmelade.

Overnight Oats – Tiramisu

mit griechischem Joghurt

 10 min

Zutaten für 2 Portionen

⅔ Tas	Kaffee
⅓ Tas	Milch
1 Tas	Haferflocken
1 EL	Xylit oder Zucker
1 Prise	Salz

Schichten

1 Tas	ungesüßten griechischen Joghurt
4	Tropfen Rumextrakt
2 EL	Xylit
1 EL	Kakao zum Bestreuen
	Blaubeeren

1 Alle „overnigt oats“-Zutaten in einem Einmachglas vermischen.

2 Mit einem Deckel abdecken und schütteln, bis alles gut vermischt ist, und geschlossen im Kühlschrank für mehrere Stunden oder über Nacht stellen. Vermische am nächsten Morgen alle Joghurtzutaten, hole die „overnight oats“ aus dem Kühlschrank heraus und schichte sie in 2 Gläser abwechselnd mit Joghurt und bestäube jede Schicht mit Kakao.

3 Dekoriere es am Ende mit ein paar Blaubeeren.

Kleiner Tipp:

Der Verzehr von griechischem Joghurt kann mit einem niedrigeren Blutdruck und einem geringeren Risiko für Typ-2-Diabetes verbunden sein. Griechischer Joghurt ist eine ausgezeichnete Kalziumquelle, die zur Verbesserung der Knochengesundheit beitragen kann. Er enthält auch Probiotika, die ein gesundes Bakteriengleichgewicht im Darm unterstützen.

Pikante deftige Pancakes

mit Orangen-Teriyaki-Soße

 20 min

Zutaten für 2 Personen

Pancakes

1 EL	Reisessig
⅔ Tas	vegane Milch (ungezuckert)
½ Tas	Reismehl
⅔ Tas	Kichererbsenmehl
2 EL	Maisstärke
2 EL	Kartoffelstärke
1,5 TL	Backpulver
2 TL	Salz
½ EL	Knoblauchpulver
1	kleine Zwiebel (gehackt)
⅓ Tas	Mais
1	geriebene Karotte

Restliche Zutaten

Orange-Teriyaki-Soße
Spargel (blanchiert)
Cocktailtomaten (halbiert)
Korianderblätter
Enoki-Pilze

1. Verrühre den Essig mit der Milch in einer Schüssel und stelle es kurz zur Seite. Verrühre in einer weiteren Schüssel sämtliche trockenen Zutaten miteinander (alles außer dem Gemüse). Füge nun die Milch-Essig-Mixtur hinzu und mische es zu einer luftigen Pancake-Masse.
2. Sollte der Teig zu dick werden, mische einfach etwas mehr Milch unter. Rühre anschließend das Gemüse unter und erhitze eine Pfanne mit etwas Öl auf mittlerer Stufe.
3. Brate die Pancakes auf beiden Seiten ca. 2–3 Minuten, sodass diese eine goldbraune Farbe erhalten.
4. Serviere die Pancakes mit blanchiertem Spargel, geschnittenen Tomaten und Enoki-Pilzen, wie es auf dem Bild zu sehen ist.

Kleiner Tipp:

Der süße und saure Reisessig hat einen milden Geschmack und wird am häufigsten in asiatischen Gerichten wie Sushi-Reis oder süß-sauren Gerichten verwendet, was allerdings schade ist. Die Verwendung von Reisessig kann man erweitern, indem wir den Essig in Salate, Gebäck und Soßen verwenden. Angesichts seiner gesundheitlichen Vorteile, wie z. B. einer Gewichtskontrolle, die uns hilft, die Natriumaufnahme zu begrenzen und die Aufnahme von Antioxidantien zu erhöhen, gehört dieser Essig zu den Schätzen in unseren Küchen.

Quinoa-Vanille-Porridge

mit Obst und Erdnüssen

 10 min

Zutaten für 2–3 Personen

1 Tas	Quinoaflocken
½ Tas	zarte Haferflocken
2 Tas	Milch deiner Wahl
3 Tr	Vanilleextrakt oder ½ Päckchen Vanillezucker
1,5 Tas	kochendes Wasser
4–6 TL	Honig, Agavendicksaft oder Ahornsirup
1 Prise	Salz

Toppings

	Marmelade, Erdnussbutter, Hanfsamen
1 Handvoll	Erdnüsse, frische Früchte

1. Die Hafer- und Quinoaflocken zusammen mit allen anderen Zutaten in einen kleinen Kochtopf geben.
2. Den Haferbrei circa 10 Minuten köcheln, dabei nicht vergessen, ihn immer wieder gründlich umzurühren.
3. Den Brei auf Schüsseln verteilen und mit euren Lieblingstoppings garnieren.

Kleiner Tipp:

Haferflocken und Haferbrei sind nicht immer dasselbe. Haferflocken werden oft als Porridge gegessen, aber man kann Porridge auch aus Quinoa, Mais, Weizen, Buchweizen, Reis und Gerste zubereiten.
Egal, welches Getreide du dazu nutzt, Porridge ist reich an Ballaststoffen, Magnesium, Zink, Eisen, Phosphor und durch einen erhöhten Gehalt an Kohlendraten liefert er uns eine Menge Energie.

Schokoladige Granola

mit Quinoa und Sonnenblumenkerne

 25 min

Zutaten für 4 Personen

4 Tas	kernigen Hafer
2 EL	Leinsamen
⅓ Tas	ungesüßtes Kakaopulver
1 TL	feines Meersalz
½ Tas	geschmolzenes Kokosöl
½ Tas	Ahornsirup
2 TL	Vanilleextrakt

zum Untermischen nach dem Backen

2 EL	Kakao-Nibs
1 Tas	Sonnenblumenkerne
2 EL	gepuffte Quinoa

1 Heize den Ofen auf 160° C. vor. Schmelze in der Zeit das Kokosöl.

2 Verrühre in einer großen Rührschüssel gleichmäßig Hafer, Leinsamen, Kakaopulver und Meersalz.

3 Verrühre in einer separaten Schüssel das geschmolzene Kokosöl, den Ahornsirup und das Vanilleextrakt so lange, bis alles gut vermischt ist.

4 Gieße die Kokosölmischung in die Hafermischung und rühre, bis sie gleichmäßig vermischt ist.

5 Verteile das ganze Müsli gleichmäßig auf dem Backblech mit Backpapier und backe dieses für 15 Minuten. Zwischendurch umzurühren.

6 Nach 15 Minuten, rühre die Kakao-Nibs und die Sonnenblumenkerne unter und backe für weitere 5 Minuten, bis das Müsli leicht geröstet ist.

7 Nimm das Backblech aus dem Ofen, vermische die gepuffte Quinoa und lass alles abkühlen, bis das Müsli Raumtemperatur erreicht hat. Du kannst es sofort als Topping, in Joghurt oder Milch servieren, aber auch bis zu 2–3 Monate in einem luftdichten Behälter bei Raumtemperatur lagern.

Kleiner Tipp:

Gesunde Fette sind ein wichtiger Bestandteil einer gesunden, ausgewogenen Ernährung. Es ist eine Quelle für essenzielle Fettsäuren und hilft dem Körper, fettlösliche Vitamine wie A, D, E und K aufzunehmen.
Kokosöl gilt als gesundes Fett, da es kein Cholesterin enthält, und kann bei höheren Temperaturen ohne Sorgen genutzt werden.

Schoko-Smoothie-Bowl

mit Espresso und Chiasamen

 5 min

Zutaten für 2 Personen

3	Datteln
1 EL	Kakaopulver
2–3 Tas	ungesüßte Pflanzenmilch
2	reife Bananen
1 EL	Mandel- oder Erdnussbutter
2 EL	frisch zubereiteter Espresso
2 EL	Chiasamen
	Toppings deiner Wahl

1. Gib alle Smoothie-Zutaten in dein leistungsstarkes Mixgerät, püriere alles, bis du eine gleichmäßige Konsistenz erhalten hast.

2. Dekoriere die Bowl mit deinen Lieblingstoppings und genieße.

Kleiner Tipp:

Schon 1–2 Tassen Kaffee täglich kann uns vor Typ-2-Diabetes, der Parkinson-Krankheit, Lebererkrankungen und Leberkrebs schützen, aber auch helfen, ein gesundes Herz zu behalten. Normaler schwarzer Kaffee ist auch kalorienarm und enthält Antioxidans.

Zitronen-Mandel-Pancakes

mit Aprikosenmarmelade

 20 min

Zutaten für 2 Personen

Pancakes

300 g	Hafermehl
1 TL	Backpulver
1 TL	Mandelmehl
5 Tr	Vanilleextrakt
2	Bananen (zerstampft)
250 ml	pflanzl. Milch
1 EL	Kokosöl
1 TL	Zitronensaft (frisch)
	Geriebene Schale einer halben Zitrone
1 Prise	Salz

Topping

Aprikosenmarmelade und Obst (nach Wahl)

1. Vermische alle Zutaten in einer großen Schüssel, bis du einen cremigen Pancake-Teig erhältst.
2. Erhitze etwas Öl in einer Pfanne und gib jeweils 3 EL von der Pancake-Masse in die heiße Pfanne. Lass die Pancakes auf beiden Seite für etwa 3 Minuten braten, bis diese schön goldbraun werden.
3. Bestreiche die Pancakes mit etwas Marmelade und dekoriere diese mit etwas geschnittenem Obst.

Kleiner Tipp:

Mandelmehl enthält zahlreiche Vitamine und Nährstoffe, wie z. B. Vitamin A und B sowie E. Es enthält auch Eisen, Zink und Fluor. Mandelmehl enthält dazu eine Menge an Magnesium und Kalzium. Es schmeckt besonders lecker und eignet sich für glutenfreies Gebäck.

Schokomilchreis

mit Obst, Pekannüssen und Tahini

 25 min

Zutaten für 3–4 Portionen

Milchreis

2 Tas	Wasser
2 Tas	Milch
1 EL	Zucker oder Xylit
2 EL	Kakao
160 g	Milchreis

Toppings

Bananen
Tahini
Pekannüsse
Himbeeren
Crunch nach Wahl

1. Milch, Wasser und Zucker zusammen mit Kakaopulver in einem Topf aufkochen.
   Milchreis einrühren und nach Packungsanleitung garen.

2. Wenn der Milchreis fertig gekocht ist, fülle ihn in Schalen und serviere ihn mit frischen Himbeeren, Bananenscheiben, Pekannüssen, Tahini und ein wenig Crunch.

Kleiner Tipp:

Pekannüsse sind nicht nur sehr köstlich, sondern auch sehr gesund, da sie eine Menge an wertvollem Vitamin B, Vitamin A, Selen, viele Proteine und Mineralstoffe wie Magnesium, Kalium, Phosphor, Eisen und Kalzium beinhalten.

Birchermüsli

mit Äpfel und Datteln

 10 min

Zutaten für 2 Personen

2	rote geriebene Äpfel
2 Tas	Haferflocken
3 EL	weiße Chiasamen
⅓ Tas	fein gehackte Datteln
1 Tas	Kokosmilch
1 Tas	kaltes Wasser
1 Tas	pflanzlicher Joghurt

Toppings

Äpfel und andere Früchte
Kakao-Nibs & Nüsse

1 Gib die geriebenen Äpfel in eine Schüssel und füge Haferflocken, die Samen und die Datteln hinzu.

2 Vermische alles gründlich mit Joghurt, Milch und kaltem Wasser zusammen.

3 Decke es zu und stelle es für einige Stunden oder über Nacht kalt. Das Müsli in Schüsseln füllen und mit gewürfelten Äpfeln, in Scheiben geschnittenen Bananen, den Früchten und den restlichen Nüssen belegen.

Wenn du aber noch mehr cremige Konsistenz haben möchtest, kannst diese vor dem Servieren mit einem weiteren Löffel Joghurt vermischen.

Kleiner Tipp:

Eine gesunde Kraftmischung für einen perfekten Start in den Tag: Getreide, Nüsse, Trockenfrüchte, frische Äpfeln wie auch Kokosmilch und Joghurt liefern neben wichtigen Vitaminen, Proteinen und Mineralstoffen, aber auch eine Menge Ballaststoffen, die für lang anhaltende Sättigung sorgen und vor Heißhungerattacken bewahren.
Nüsse und Samen spenden zudem wertvolle ungesättigte Fettsäuren. Was ist mit dem Apfel? Er hat wenig Kalorien und hilft unserem Immunsystem mit Vitamin C und E. Äpfel können auch das Risiko für Diabetes-Typ-2 verringern und das Herz vor einem Schlaganfall oder Herzinfarkt schützen.

French-Toast

mit Silken-Tofu und Zimt

 10 min

Zutaten für 2 Personen

200 g	Silken-Tofu
⅔ Tas	ungesüßte Pflanzenmilch
1 Prise	Salz
½ Pck	Vanillezucker
1	Messerspitze Backpulver
1 Prise	Kurkuma
1 EL	Chia
1 Prise	schwarzes Salz
½ TL	Zimt
½ EL	Ahornsirup
1 EL	vegane Butter oder Öl (optional)
6–9	Scheiben Brot deiner Wahl

Toppings

Puderzucker
Erdbeeren

1. Den Tofu und die restlichen Zutaten (außer Brot, Toppings und Öl) in den Mixer geben und glatt rühren. Gieße den Teig in eine breite flache Schüssel. Lege es beiseite.

2. Erhitze eine große Pfanne (am besten eine, die nicht anklebt) auf mittlerer Hitze. Füge Öl oder vegane Butter hinzu.

3. Tauche beide Seiten des Brotes großzügig in den Teig, um eine wirklich gute Beschichtung zu erhalten.

4. Gib das fertige Brot in die Pfanne und brate es pro Seite für 4–5 Minuten.

5. Sehen die Fakts goldbraun aus, nimm sie aus der Pfanne und serviere diese mit Puderzucker, frischem Obst oder Erdbeerscheibchen und Agavendicksaft.

Kleiner Tipp:

Tofu ist eine gute Proteinquelle, er enthält alle neun essenziellen Aminosäuren. Es ist auch eine wertvolle pflanzliche Quelle für Eisen und Kalzium sowie die Mineralien Mangan und Phosphor. Darüber hinaus enthält es Magnesium, Kupfer, Zink und Vitamin B1.
Biotofu ist auch leicht erhältlich und ganz einfach zuzubereiten.

LUNCH

Chili mit Süßkartoffeln

und buntem Quinoa

 40 min

Zutaten für 4 Personen

2 EL	Olivenöl
3	Knoblauchzehen (gehackt)
1	große Zwiebel (gehackt)
1	mittelgroße Süßkartoffel (geschält und geschnitten)
1 TL	Kumin
1 TL	Chilipulver
2	Lorbeerblätter
3	Körner Piment
2 Dose	Pizzatomaten
1 Dose	Kidneybohnen (abgetropft)
150 g	rote Linsen
1 Dose	Mais (mit Flüssigkeit)
300 ml	Wasser
	Salz und Pfeffer

Salat

1	Gurke
1	rote Zwiebel
1 Prise	Salz und Pfeffer
½ EL	Essig
1 Prise	Majoran

Toppings

	Bunte Quinoa (gekocht)
3 EL	veganer Joghurt
	optional Babymais

1. Erhitze etwas Olivenöl in einem großen Topf und röste die Zwiebeln, den Knoblauch und die Paprikas für 4–6 Minuten auf mittlerer Stufe an, bis das Gemüse gar ist.

2. Rühre nun die Gewürze unter und füge anschließend die Pizzatomaten, Kidneybohnen, Linsen, Mais mit Maiswasser, die Süßkartoffel und Wasser unter.

3. Lass das Chili für 25 Minuten auf mittlerer Stufe köcheln (zwischenzeitlich umrühren).

4. Wasche und schneide in der Zwischenzeit die Gurke in breite Streifen, schäle und schneide die Zwiebel, gib das geschnittene Gemüse in eine Salatschüssel und vermische es mit Essig, Salz, Pfeffer und Majoran.

5. Wenn das Chili fertig gekocht ist, serviere es mit gekochtem Quinoa, ein wenig Naturjoghurt und Gurkensalat.

Vegane Butterquinoa
mit würzigen Kichererbsen

 20 min

Zutaten für 2 Personen

Butterquinoa

1 Tas	Quinoa
1 EL	Vegane Butter, am besten pflanzliches Ghee
2–4 TL	Knoblauchpulver
½ TL	Meersalz
2 Tas	Gemüsebrühe

Würzige Kichererbsen

1 Dose	Kichererbsen (abgetropft)
1 EL	Olivenöl
1 TL	Chilipulver
¼ TL	Knoblauchsalz
¼ TL	Zwiebelpulver
½ TL	Paprika
¼ TL	Kreuzkümmel
1 TL	Limettensaft

Kleiner Tipp:

Die köstlichen glutenfreien Quinoa Samen enthalten ausreichende Mengen aller neun essenziellen Aminosäuren. Quinoa ist außerdem reich an Ballaststoffen, Magnesium, Eisen, Kalium, B-Vitaminen, Kalzium, Phosphor und Vitamin E und verschiedenen nützlichen Antioxidantien.

Andenhirse

1. Alle Zutaten in einen kleinen Topf geben. Zum Kochen bringen und umrühren, bis die Butter geschmolzen ist. Abdecken und auf niedrige Temperatur stellen und 15 Minuten köcheln lassen. Deckel abnehmen, Hitze reduzieren und mit einer Gabel quirlen.
2. 5 Minuten stehen lassen und dann servieren.

Würzige Kichererbsen

1. Erhitze eine Pfanne bei mittlerer Hitze in der Zeit, in der die Quinoa kocht. Gib Olivenöl, Kichererbsen und alle restlichen Kichererbsenzutaten dazu.
2. Brate die Kichererbsen etwa 20 Minuten auf kleiner Flamme, bis sie goldbraun und knusprig sind.
3. Nachdem die Kichererbsen fertig gekocht sind, mit Limettensaft betreufeln und mischen. In einer Schüssel zusammen mit Butterquinoa, etwas Persimone, gegrillter Aubergine und Gemüse in allen Farben und Geschmacksrichtungen servieren.

Cacio e Pepe-Pasta

mit Spargel und Brokkoli

 15 min

Zutaten für 2 Personen

½ Pck	glutenfreie Pasta
½	Kopf Brokkoli in Röschen
6	Stängel grüner Spargel (geschnitten)
2 EL	Butter oder Ghee
1 EL	natives Olivenöl extra
⅓ TL	frisch gemahlener schwarzer Pfeffer
¾ Tas	frisch geriebener Parmesan
1 Prise	Kurkuma
1 Prise	grobes Salz

Toppings

Thymian
Hanfsamen
Sesam

Kleiner Tipp:

Brokkoli ist nicht nur leicht erhältlich und super köstlich. Es ist auch sehr vielfältig in unserer Küche: Es eignet sich super für Salate, als Beilage, Suppe, als Bratling oder als gesundes Topping.
Neben dem tollen knackigen Geschmack ist Brokkoli auch eine großartige Quelle für Vitamin K und C. Es liefert Folsäure, Kalium und Ballaststoffe.

1. In einem Topf mit kochendem Salzwasser die Nudeln al dente kochen. Gib den Brokkoli 2 Minuten, bevor du die Nudeln vom Herd nimmst, ins Wasser.
2. Nimm das Ganze vom Herd. Lege den Brokkoli auf einen Teller, den du beiseitestellst. ⅔ Tasse Nudelwasser und lasse die Nudeln abtropfen.
3. Lasse in einer großen Pfanne bei mittlerer Hitze 1 EL Butter mit Olivenöl schmelzen. Füge eine großzügige Menge schwarzen Pfeffers hinzu und röste sie ca. 1 Minute lang, bis er duftet.
4. Füge ⅓ Tasse des aufbewahrten Nudelwassers hinzu und bring es zum Kochen. Rühre die restliche Butter, Kurkuma, Salz und Brokkoli unter und gib die Nudeln in die Buttermischung.
5. Füge Käse hinzu und rühre alles ständig, bis der Käse schmilzt. Nimm die Pfanne vom Herd, wenn etwa die Hälfte des Käses geschmolzen ist. Wenn die Soße zu dick ist, kannst du es mit mehr Nudelwasser lockern.
6. Serviere mit geschnittenem Spargel und restlichen Toppings.

Cremige Polenta

mit scharfem Pfeffer und Champignons

 30 min

Zutaten für 2 Personen

Polenta

1 Tas	Polenta
3 Tas	Wasser
2 EL	veg. Ghee
1 Prise	Salz

Champignons

1 EL	veg. Ghee
¼	eines kleinen Hokkaidokürbisses (in Würfel geschnitten)
200 g	Champignons (geschnitten)
2 EL	veganes Ghee
2	Schalotten (geschnitten)
1 Dose	Kichererbsen (abgetropft)
	Salz & Cayennepfeffer

Restliche Zutaten

¼ Tas	Petersilie (geschnitten)
	Pfeffer (eingelegt)

Kleiner Tipp:

Mais, woraus die Polenta hergestellt wird, enthält sehr viel Vitamin A, C, Calcium, Kalium, Magnesium, Eisen und Kieselsäure und ist reich an Eiweiß und Kohlenhydraten. Es ist ebenfalls glutenfrei und arm an Fetten. Die Zubereitung als cremiger Brei dauert nur wenige Minuten. Als Gebäck lässt es sehr gut sich mit Zitrusaromen kombinieren.

Polenta

1. In den Topf mit kochendem Wasser eine Prise Salz geben. Gib nach und nach Teile des Polentagrießes in das kochende Wasser und rühre dieses stetig um, bis der ganze Grieß eingerührt wurde. Füge nun das Ghee hinzu, reduziere die Temperatur auf die kleinste Stufe und lass die Polenta unter ständigem Rühren für weitere 5 Minuten köcheln.

2. Nimm nun den Topf vom Herd und lass es bei geschlossenem Deckel für 5 Minuten ziehen.

Champignons

1. Erhitze etwas veg. Ghee in einer Pfanne und röste die Schalotten, die Champignons und etwas Salz für etwa 4 Minuten darin an.

2. Gib den Kürbis dazu und röste ihn für weitere 2 Minuten.

3. Gib nun die Kichererbsen und Gewürze hinzu und lass alles für ca. 3 Minuten schmoren.

4. Serviere die Polenta in Schüsseln mit deinen geschmorten Champignons, Kürbis und Kichererbsen. Mit Pfeffer und Salz verfeinern.

Erdnuss-Ingwer-Curry
mit Tofu und Brokkoli

15–20 min

Zutaten für 3 Personen

1	mittlerer Brokkoli
2	Möhren (gewürfelt)
2 cm	Ingwer
2	Zwiebeln
400 g	Tofu (natürlich)
1 TL	Currypulver
1 EL	Agavendicksaft
500 ml	Kokosmilch
EL	Erdnussbutter (ungezuckert aus reinen Erdnüssen)
2	Knoblauchzehen
1 EL	Zitronensaft
1 Tas	oder 180 ml Wasser
	Salz und Pfeffer zum Verfeinern
1 Handvoll	geröstete Erdnüsse
	Basmatireis (gekocht)
	Petersilie

Kleiner Tipp:

Erdnüsse sind nicht nur ein perfekter Snack, sie eignen sich perfekt in Gebäck, Salaten, Desserts oder als Crunch zu deinen warmen Gerichten. Erdnüsse sind ideale pflanzliche Proteinquellen. Neben der großen Menge an Eiweiß sind sie reich an Eisen, Phosphor, Kalium, Calcium und Magnesium.
Erdnüsse haben positiven Einfluss auf den Cholesterinspiegel, verbessern die Triglyceridwerte und die Gefäßfunktion.

1. Den Brokkoli waschen, putzen und dann in kleine Röschen teilen. Zwiebeln schälen und anschließend fein hacken. Die Möhren schälen und in Würfel schneiden.

2. Tofu in Würfel schneiden und in einer Pfanne mit Olivenöl kurz anbraten, dabei wenden, bis alle Seiten angebraten sind. Tofu aus der Pfanne nehmen.

3. Für die Soße den Ingwer und Knoblauch schälen, fein hacken und in die Pfanne geben, in der du den Tofu angebraten hast und lasse alles 1 Minute braten. Füge Curry und die restlichen Gewürze hinzu, lasse es kurz mitbraten und lösche es mit der Kokosmilch ab. Erdnussbutter unterrühren und mit Salz abschmecken. Nun Möhren, Zwiebeln, Brokkoli und Tofu in die Pfanne mit der Erdnusskokosflüssigkeit geben. Mit Wasser ablöschen und für ca. 8 Minuten kochen. Mit Zitronensaft, Agavendicksaft und Salz abschmecken.

4. Den Reis nach Packungsanleitung kochen.

5. Nimm nach 8 Minuten das Curry vom Herd runter, serviere es mit dem frisch gekochten Basmatireis, Erdnüssen und Petersilie.

Gelbe Erbsen-Daal

mit grünem Spargel und Tomaten

 15–20 min

Zutaten für 3 Personen

1 El	Öl
4	Tomaten
300 g	gelbe Erbsen (über Nacht eingeweicht)
2 EL	Pflanzenöl
1 TL	Kumin (Kreuzkümmel)
1	loorblat
¼ TL	Cayennepfeffer
1 TL	Kurkuma
½ TL	Koriandersamen
½ TL	Senfsamen
1 cm	Ingwer
1	Zwiebel
3	Knoblauchzehen
	Salz
	Reis
	grüner Spargel

Kleiner Tipp:

Neben einem geringen Anteil an Fett besteht die trockene Erbse hauptsächlich aus Kohlenhydraten und Proteinen, faserigen Ballaststoffen und Stärke. Dazu sind sie reich an Vitamin B, C und E sowie Folsäure und Betacarotin, Eisen, Zink, Kalium, Calcium, Phosphor, Natrium und Magnesium. Gelbe Erbsen haben ebenso einen hohen Anteil an Aminosäuren, die für den Muskelaufbau benötigt werden.

1 Zwiebel und Knoblauch schälen und fein würfeln. Tomaten und Möhren waschen und in Stücke schneiden. Den Ingwer reiben.

2 Öl in einem Topf auf mittlerer Stufe erhitzen.
Kumin und Senfsamen rösten, bis die Senfsamen knistern. Jetzt Zwiebeln, Knoblauch, Ingwer, Kurkuma und Kumin unterrühren und kurz anbraten. Die Tomaten dazugeben und ca. 5 Minuten dünsten.

3 Gib jetzt die Erbsen mit Einweichwasser zusammen mit den Möhren hinzu und koche es auf (Achte darauf, dass das Verhältnis Wasser zu Erbsen 2 zu 1 sein sollte.) und reduziere die Hitze danach. Lasse alles etwa 30 Minuten lang kochen, bis die Erbsen weich sind, zwischendurch umrühren. Wenn nötig, füge noch mehr Wasser hinzu.

4 Koche in der Zwischenzeit den Reis nach Packungsanweisung und wasche den Spargel und schneide Längstreifen.
Wenn die Erbsen zu einem Brei zerfallen, kannst du das Dahl servieren.

Ananas-Curry

mit Tofu und grünen Erbsen

 30 min

Zutaten für 3 Personen

300 g	Tofu (gewürfelt)
2 EL	Kokosöl
2	Karotten (geschnitten)
250 g	Erbsen
¾ Dose	Kokosmilch
200 g	Ananas (in Stücke geschnitten)
1½ EL	Madras-Currypulver
½ EL	Kurkuma
½ TL	Agavensirup
½ TL	Kumin
	Salz & Pfeffer

Restliche Zutaten

200 g	Reis (gekocht)

1. Erhitze in einer Pfanne etwas Öl und brate die Tofuwürfel für etwa 4–5 Minuten an (bis sie goldbraun sind). Entferne den Tofu aus der Pfanne und brate die Karotten und die Ananasstücke für etwa 2–3 Minuten an (bis sie gar sind).

2. Gib nun alle weiteren Zutaten in die Pfanne und verrühre alles gründlich. Lass das Curry für weitere 3 Minuten köcheln, gib dann den Tofu dazu und lass alles für weitere 5 Minuten köcheln.

3. Serviere das Curry mit etwas Reis und lass es dir schmecken.

Kleiner Tipp:

Die typisch asiatische Gewürzmischung umfasst Kurkuma, Bockshornkleesamen, Curryblätter, schwarzen Pfeffer, Kreuzkümmel, getrocknete Chilis, Nelken, Muskatnuss, Pfefferkörner, Koriandersamen, Senfkörner, Zimt, Kardamom und Lorbeerblätter. Currypulver kann von mild bis scharf schmecken und seine Inhaltsstoffe bieten nicht nur eine Reihe von Vitaminen und Mineralstoffen, sondern auch eine Vielzahl von gesundheitlichen Vorteilen: Es fördert die Verdauung, schützt vor Alzheimer, regt den Kreislauf an, verringert das Krebsrisiko und tut deinem Hirn gut.

„START YOUR DAY RIGHT“

„EAT SOULFOOD“

Gurken-Gazpacho

mit grünem Spargel

 7 min

Zutaten für 3 Personen

1	Gurke (geschnitten)
200 g	grüner Spargel (geschnitten)
1	kleine Zwiebel
½ Tas	vegane Sahne
1–2 TL	Zitronensaft
1	Knoblauchzehe (gehackt)
5	Basilikumblätter
½ Tas	kaltes Wasser
4 EL	Aceto Bianco
10 Stk	Mandeln
	Salz & Pfeffer

Restliche Zutaten

Olivenöl
Veganer Joghurt
Brot deiner Wahl
Sonnenblumenkerne

1 Gib alle Gazpachozutaten in einen Mixer und mixe diese, bis die Suppe eine cremige Konsistenz erhält.

2 Dekoriere die Suppe mit einem Schuss Olivenöl, etwas veganem Joghurt, Sonnenblumenkernen und ein paar Brotstücken. Um den Geschmack noch etwas interessanter zu machen, brate das Brot in etwas Olivenöl an.

Kleiner Tipp:

Die südspanische und portugiesische Suppe aus ungekochtem Gemüse, bekannt als Gazpacho, ist uns meist nur als kalte Tomatensuppe bekannt.
Sie kann man aber auf ganz vielen neuen Wegen und Geschmacksrichtungen zubereiten: wie z. B. mein Gurken-Spargel-Gazpacho, die das tolle frische Aroma des Spargels herausbringt. Hier ein paar Fakten zum Spargel, der ein sehr nährstoffreiches Gemüse ist. Es ist eine sehr gute Quelle für Ballaststoffe, Folsäure, Chrom und die Vitamine A, C, E und K. Der Verzehr von Spargel kann bei der Bekämpfung von Krebs helfen, schützt vor Kreislaufproblemen und eignet sich als Diabetikerdiät, da es die Fähigkeit hat, unseren Insulinspiegel zu verbessern und Glukose aus dem Blutkreislauf in die Zellen zu transportieren.

Minestrone

mit gemischten Bohnen

 25 min

Zutaten für 4–5 Personen

2	Möhren (geschnitten)
200 g	Zuckererbsen
1 Dose	(425 ml) weiße Bohnen (Mit Bohnenwasser, da es noch viele Proteine enthält)
1 Dose	schwarze Bohnen
1	Zwiebel
4–5	braune Champignons
1	Fenchelknolle (gewürfelt)
3	Tomaten (blanchiert und ohne Haut)
2 EL	Olivenöl
2	Knoblauchzehen
½	rote Paprika
1,5 l	Gemüsebrühe oder Wasser
150 g	Nudeln (Kelche, Penne oder Muscheln)
	Salz und schwarzer Pfeffer
2	Lorbeerblätter
	Petersilie
	Thymian
1 Prise	Zucker
1 EL	getrocknete italienische Kräuter
1 TL	fein geriebene Zitronenschale

1. Die Möhren putzen und in Scheiben schneiden. Wasche und schneide die Pilze, Paprika und Fenchel und schneide sie ebenso. Tropfe die schwarzen Bohnen ab und wasche sie unter lauwarmem Wasser, tropfe sie noch einmal ab. Schäle und schneide Zwiebeln und Knoblauch.

2. Wasche die Tomaten und würfele sie grob. Erhitze Öl in einem Topf, gib die Zwiebeln und Knoblauch hinein und dünste sie kurz, gib nun die Tomaten zu und lösche mit Brühe oder Wasser ab.

3. Möhren, Paprika und Fenchel zur Brühe geben, aufkochen und bei mittlerer Hitze ca. 10 Minuten garen.

4. Nudeln in kochendem Salzwasser nach Packungsanweisung zubereiten. Gib nun die abgetropften schwarzen Bohnen und weiße Bohnen mit der Flüssigkeit, Thymian, Petersilie und italienische Kräuter in die Suppe und schmecke mit Salz, Pfeffer und Zucker ab.

5. Ca. 10 Minuten bei mittlerer Hitze köcheln. 1 Minute vor Ende der Garzeit Nudeln, Zitronenschale und Zuckererbsen hinzufügen. Serviere die Suppe.

One-Pot-Ratatouille

mit Zucchini und Paprika

 40 min

Zutaten für 4 Personen

10 Blätter	frisches Basilikum
½ Tas	natives Olivenöl extra
1	große Zwiebel (gehackt)
2	getrocknete Lorbeerblätter
2	Auberginen (in 1 cm dicke Scheiben geschnitten)
3	Zucchini (in 1 cm dicke Scheiben geschnitten)
	grüne Paprika
	rote Paprika
4	reife Tomaten
	Brot zum Servieren

1. ⅓ Tasse Öl in einem großen Topf bei mittlerer Hitze erhitzen. Zwiebel und Lorbeerblätter hinzufügen. Unter Rühren 5 Minuten kochen lassen bzw. bis sie weich sind. Füge Auberginen und Knoblauch hinzu. Unter gelegentlichem Rühren 5 Minuten kochen lassen bzw. bis die Auberginen anfangen zu bräunen.

2. Füge Zucchini, Paprika, Tomate, Basilikumstiele und ½ Tasse kaltes Wasser hinzu. Unter gelegentlichem Rühren 12 Minuten kochen lassen bzw. bis das Gemüse weich ist.

3. Restliches Öl einrühren. Weitere 10 Minuten kochen lassen bzw. bis die Aubergine zusammengebrochen ist. Mit reservierten Basilikumblättern bestreuen. Mit knusprigem Brot servieren.

Kleiner Tipp:

Auberginen sind arm an Kalorien, dafür reich an Wasser, Kalium- und Ballaststoffgehalt. Neben einer breiten Verwendung in Rezepten besitzen Auberginen krebshemmende Wirkung, fördern die Gallensekretion und senken den Cholesterinspiegel. Der hohe Gehalt an Kaffeesäure hat eine antibakterielle und antioxidative Wirkung. Das Gemüse soll außerdem eine positive Wirkung auf Nierenleiden und Rheuma haben.

Rote-Bete-Curry

mit Kichererbsen & Quinoa

 20 min

Zutaten für 3 Personen

1 EL	Kokosöl
2	mittlere Rote Bete (geschält und gewürfelt)
1	Karotte (gewürfelt)
½	kleinen Blumenkohl (in Röschen geschnitten)
400 ml	Kokosmilch
1 Dose	Kichererbsen mit Flüssigkeit
2 TL	mildes Currypulver
½ TL	Kuminpulver
1 cm	geriebener Ingwer
1 Stk	Cinnamon oder
1 Prise	Zimtpulver
	Salz, Pfeffer
1	Stängel Koriander
2	Lorbeerblätter

Toppings

Gurkenstreifen
Hanfsamen

1 Erwärme in einem Topf das Öl und brate die Zwiebel zusammen mit der Roten Bete an, gibt die restlichen Gemüse und die Gewürze dazu und lass alles für ca. 2 Minuten schmoren.

2 Gib die flüssigen Zutaten dazu und lass alles für ca. 10–15 Minuten köcheln, bis die Gemüse mittelweich werden.

3 Serviere es mit gekochter Quinoa oder Reis nach Wahl und ein paar knackigen Gurkenstreifen.

Kleiner Tipp:

Rote Bete ist eigentlich der König unter allen Knollengewächsen. Es ist vollgepackt mit gesunden Nährstoffen wie Ballaststoffen, fünf essenziellen Vitaminen, Kalzium, Eisen, Kalium und Eiweiß. Sie haben auch erstaunliche gesundheitliche Vorteile und sorgen für eine verbesserte Durchblutung, einen niedrigeren Blutdruck, helfen bei der Bekämpfung von Krebs, sind gut für unser Immunsystem und unsere Augen und erhöhen die Trainingsleistung.

Staudensellerie-Spargelsuppe

mit Kartoffeln

 15 min

Zutaten für 4 Portionen

2	Kartoffeln (geschält und gewürfelt)
1	Staudensellerie (geschnitten)
8 cm	Lauch (gehackt)
	Salz & Pfeffer
1 TL	Lorbeerblätter-Pulver
1 EL	Olivenöl
1 EL	Ghee oder Butter
250 g	grüner Spargel (gehackt)
700 ml	Gemüsebrühe von guter Qualität
4 EL	Reissahne oder
4 EL	Kokosmilch

1. In einem großen Topf bei schwacher Hitze Ghee und Öl schmelzen, gewaschene, geschälte und gewürfelte Sellerieknolle, Kartoffeln, Lauch und Spargel hinzufügen und 2 Minuten lang schwitzen, dabei gelegentlich umrühren.

2. Füge die Gemüsebrühe und die Gewürze hinzu, bringe sie zum Kochen und koche alles für ca. 10 Minuten bei niedrigerer Hitze, bis die Kartoffeln weich gekocht sind.
   Füge Reissahne oder Kokosmilch dazu und vermische damit die Suppe.

3. Blendiere die Suppe cremig und serviere diese mit deinen Lieblingssuppentoppings.

Kleiner Tipp:

Stauden und Knollensellerie liefern ganz viel Vitamin B1, B2, B6, C wie auch Kalzium und Kalium. Sellerieknollen und Stauden können viel für die Gesundheit tun. Sie sorgen z. B. für die Flüssigkeitsversorgung.
Das vitaminreiche und kalorienarme Gemüse schützt laut Wissenschaftlern vor Darm-, Brust-, Leber-, Haut-, Knochen-, Bauchspeicheldrüsen- und Prostatakrebs sowie Leukämie.

Steinpilz-Risotto

mit Weißwein

 35 min

Zutaten für 2 Personen

2 Tas	Risottoreis
1 Tas	getrocknete Steinpilze
6 Tas	Gemüsebrühe
½ Tas	Weißwein
1 EL	veganes Ghee oder Butter
1	gehäufter EL fettige Kokosmilch
4	Knoblauchzehen
1	kleine Zwiebel
TL	Olivenöl
⅓ TL	Majoran
	Salz und schwarzer Pfeffer nach Geschmack

1 Übergieße die Pilze in einer Schüssel mit ½ Tasse kochendem Wasser und stelle sie beiseite.

2 Erhitzte Olivenöl in einer tiefe Pfanne bei mittlerer Hitze, schneide die Zwiebel in und brate sie an. Hacke den Knoblauch und gib ihn zu der Zwiebel dazu. Gib Reis, Wein und die Gemüsebrühe dazu. Lass alles aufkochen, reduziere dann die Hitze und lass alles bedeckt köcheln.

3 Wenn der Reis zu kochen beginnt und die Flüssigkeit aufnimmt, zerkleinere und tropfe die Pilze ab. Gib die Pilze mit Pilzwasser in die Pfanne hinzu.

4 Sobald der Reis fast gar ist und der größte Teil der Flüssigkeit aufgenommen wurde, mische Majoran, Ghee und Kokosmilch unter und würze es großzügig mit schwarzem Pfeffer.

5 Wenn der Risotto gründlich gekocht und köstlich cremig ist, serviere ihn in Schalen und garniere mit Pilzen, zusätzlichem Pfeffer, etwas Olivenöl und nach Bedarf mit Parmesan.

Kleiner Tipp:

Speisepilze werden zu oft unterschätzt, sie schmecken nicht nur besonders köstlich, sondern enthalten auch unterschiedliche Mengen an Eiweiß und Ballaststoffen. Sie enthalten außerdem B-Vitamine sowie Selen, der das Immunsystem unterstützt und Schäden an Zellen und Geweben verhindert.

gefüllte Süßkartoffeln

mit würzigem Chinakohl & Kichererbsen

 40–50 min

Zutaten für 3 Personen

3	große Süßkartoffeln
1 Dose	Kichererbsen
½	gehackter Chinakohl
⅓ TL	Salz
⅓ TL	geräuchertes Paprikapulver
	Pfeffer
⅓ TL	Kumin
1	Zwiebel (gewürfelt)
1	Knoblauchzehe
2 EL	pflanzliches Ghee oder Butter
2 EL	Wasser

Toppings

Avocado, Petersilie
Cherrytomaten
Knoblauchsoße oder Joghurt

Kleiner Tipp:

Süßkartoffeln sind eine köstliche und reichhaltige Quelle an Ballaststoffen und enthalten gesunde Mengen an Vitamin B und C sowie Mineralstoffe wie Eisen, Kalzium und Selen. Einer der wichtigsten gesundheitlichen Vorteile von Süßkartoffeln ist, dass sie reich an Betacarotin sind, das sich nach dem Verzehr in Vitamin A umwandelt. Füge kurz vor dem Servieren einen Spritzer Olivenöl oder Butter hinzu, um die Aufnahme von natürlichem Betacarotin zu erhöhen.

1. Heize den Backofen auf 200° C.
2. Putze die Süßkartoffeln. Stich jede Kartoffel einige Male mit einer Gabel an und backe sie für 30–40 Minuten auf einem Backblech.
3. Fange nach ungefähr 30 Minuten mit der Vorbereitung für die Füllung an. Erhitze in einer größeren Pfanne bei mittlerer Temperatur das Ghee und gib die Zwiebel dazu. Brate die Zwiebel, bis sie weicher wird.
4. Auf niedrigerer Temperatur die Kichererbsen, den Chinakohl und die Gewürze zusammen mit 2 EL Wasser hinzu geben und dünste das Ganze bei geschlossenem Deckel für ca. 5–8 Minuten. Nimm die Pfanne vom Herd und stelle sie beiseite.
5. Sobald die Süßkartoffeln fertig gebacken sind, schneide sie mittig auf und zerdrücke mit einer Gabel die Süßkartoffeln so, dass es eine cremige Konsistenz bekommt. Passe auf, dass die Hälften nicht auseinanderfallen und dass die Süßkartoffelhaut nicht kaputt geht.
6. Leg die Kartoffeln auf Servierteller und gib die Kichererbsen-Chinakohl-Füllung hinzu, gefolgt von Avocado, Petersilie, Cherrytomaten und Soße.

Tomaten-Risotto

mit Antipasti

 30 min

Zutaten für 4 Personen

1 Tas	Brühe
2 Tas	kochendes Wasser
½ Tas	Weißwein (trocken)
2 TL	Olivenöl
1	große Zwiebel (gehackt)
2	Zehen Knoblauch (gehackt)
1¾ Tas	Risottoreis
6 Stk	getrocknete Tomaten (fein gehackt)
1 Dose	Pizzatomaten
2 EL	geriebener Meerrettich
	Salz & Pfeffer

Restliche Zutaten

eingelegter Pfeffer
Antipasti-Grillgemüse
Cherrytomaten
Artischocken

1. Erhitze einen großen Topf mit etwas Öl auf mittlerer Hitze und schwitze die Zwiebel und den Knoblauch für etwa 2 Minuten darin an.

2. Füge nun den Reis hinzu und lass ihn für eine weitere Minute unter ständigem Rühren erhitzen. Lösche alles mit dem Weißwein und der Brühe ab und lass es für weitere 2 Minuten köcheln.

3. Gib sämtliche weiteren Risotto-zutaten in den Topf und lass es bei geschlossenem Deckel für 15–20 Minuten köcheln.

4. Serviere das Gericht mit den restlichen Zutaten und lass es dir schmecken.

Kleiner Tipp:

In Meerrettichwurzeln stecken viele gesunde Inhaltsstoffe, wie Kalium und die Vitamine C und B1. Meerrettich eignet sich in unserer Küche perfekt zum Verfeinern von Suppen, Aufläufen, Salaten, aber auch als Aufstrich.
Es wirkt antioxidativ und zellschützend und hilft uns, das Immunsystem zu stärken und säubert unsere Atemwege.

Vegane Satay-Bowl
mit Reis und Koriander

 40 min

Zutaten für 3–4 Personen

100 g	Soja-Medaillons
1 l	Gemüsebrühe
	Öl zum Anbraten

Marinadezutaten

1 TL	Kreuzkümmel
1 TL	Korianderpulver
1 TL	Kurkumapulver
3 EL	Ketjap Manis (süße Sojasoße) oder
1 EL	normale Sojasoße + 1 TL Agavendicksaft
2 cm	Ingwer (gerieben)
½ TL	Knoblauchpulver
⅓ TL	Lemongraspulver
4 EL	Kokosmilch

Toppings

gekochter Jasminreis
Koriander
Sesam
grüner Spargel

1 Weiche die Soja-Medaillons in heißer Gemüsebrühe für ca. 10 Minuten später ein. Loche diese raus und versuche die ganze Flüssigkeit auszudrücken.

2 Kokosmilch, Ketjap Manis, Kurkuma, Ingwer, Knoblauchpulver, Kreuzkümmel, Koriander und Salz in eine Schüssel geben und verrühren.

3 Gib nun die Soja-Medaillons in eine Schüssel und bedecke jeweils die bessere Seite mit Marinade und lass alles im Kühlschrank für ca. 30 Minuten ziehen.

4 Koche in der Zwischenzeit den Jasminreis nach Packungsanweisung und schneide den Spargel in lange Streifen.

5 Loche die Medaillons und pikse ca. 3–5 Medaillons je Holzspieß auf. Erhitze ein wenig Öl in einer Grillpfanne oder einer großen Pfanne und brate die Medaillonspieße von beiden Seiten, bis sie goldbraun werden. Gib nun die restliche Marinade in die Pfanne und stelle die Pfanne beiseite.

6 Serviere nun die Spieße mit Jasminreis, Spargel, der restlichen Marinade, Sesam und Koriander.

Kartoffelpüree

mit veganem Pilz-Stroganoff

 20 min

Zutaten für 3–4 Personen

1	Zwiebel (gewürfelt)
3	Knoblauchzehen (in Scheibchen)
2	Möhren (gewürfelt)
2	Lorbeerblätter
1 EL	Pflanzenöl
300 g	Champignons (in Scheiben geschnitten)
2 EL	Weißwein
1 EL	vegane Worcestersoße
2 EL	Sojasoße
180 ml	Gemüsebrühe oder Wasser
180 ml	pflanzliche Milch
2 EL	Speisestärke
	Salz und Pfeffer
3	Pimentsamen

andere Zutaten

6–8	mittlere geschälte und in Viertel geschnittene Kartoffeln
	Salz
1 EL	veganes Ghee
3 EL	pflanzliche ungesüßte Milch
	Petersilie

1 Die Kartoffeln in Salzwasser kochen.

2 Dann Öl in einer großen Pfanne erhitzen, Zwiebel ca. 5 Minuten anbraten. Knoblauch, Möhren, Lorbeerblätter und Piment dazugeben und eine weitere Minute lang anbraten.

3 Nun die Champignons dazugeben und alles bei wechselnder Hitze für ca. 5 Minuten weiter anbraten.

4 Weißwein, Gemüsebrühe, Sojasoße, Worcestersoße und die Gewürzzutaten dazugeben und zum Kochen bringen.

5 Die Speisestärke in ein Glas mit der pflanzlichen Milch geben und verrühren, bis sie sich auflöst.

6 Die Mischung aus Milch und Speisestärke in die Pfanne gießen, gründlich verrühren und bei niedriger Hitze für etwa 8 Minuten köcheln lassen, bis die Soße andickt, dann die Pfanne vom Herd nehmen.

7 Wenn die Kartoffeln weich sind, gieße sie ab, zerstampfe sie mit einem Kartoffelstampfer oder -presse, gib Ghee, Milch und eine Prise Salz dazu und vermische alles zu einem gleichmäßigen Püree. Serviere das Püree mit unserem Stroganoff und Petersilie.

Vietnamesische Banh Mi Bowl

mit Naturreis und Salat

 15 min

Zutaten für 3 Personen

400 g	Tofu (mit einer Gabel zerstampft)
1 EL	Sesamöl
½ TL	Salz
⅓ TL	Pfeffer
1	fein gehackte Zwiebel
4	Knoblauchzehen (in Scheiben geschnitten)
1 EL	Teriyaki-Soße
1 EL	Sriracha
1 TL	braunen Zucker
¼ Tas	fein gehacktes frisches Basilikum
1 EL	Wasser

Für die Soße

½ Tas	ungesüßter Joghurt
3 EL	frisch gepresster Limettensaft
¼ TL	Erdnussbutter (flüssig)
1 EL	Sriracha
	Salz & Pfeffer

Für den Salat

1	Gurke in Scheibchen
4	Stangen Koriander
2	Möhren in dünne Streifen
½	Römersalat geschnitten

Natureis gekocht

2 EL	geröstete Zwiebeln

1 Befolge die Anweisungen auf der Packung, um den Reis zu kochen.

2 Während der Reis kocht, vermische in einer Schüssel alle Soßenzutaten und stelle sie beiseite.

3 Erhitze als Nächstes auf mittlerer Hitze einer großen Pfanne mit Sesamöl. Gib die Zwiebel, Knoblauch und den mit einer Kartoffelpresse zerstampften Tofu dazu und brate alles für 1–2 Minuten an. Reduziere die Temperatur und gib all die restlichen Tofuzutaten zusammen mit 1 EL Wasser dazu und köchle sie ca. 5–7 Minuten auf kleiner Flamme.

4 Wenn alles fertig ist, serviere mit gekochtem Reissalat, gerösteten Zwiebeln und deiner Soße.

Würzige geschmorte Süßkartoffeln

mit Zwiebeln und Kidneybohnen

 15 min

Zutaten für 2 Personen

2	mittlere Süßkartoffeln (fein gewürfelt)
1 Dose	Kidneybohnen (entwässert)
2	gehackte Knoblauchzehen
⅓ TL	Kreuzkümmel
	Salz und 1 Prise Cayennepfeffer
1 Prise	Zimt
1 Prise	Chiliflocken
½ Bch	Wasser
2	fein gehackte weiße Zwiebeln
2 EL	Öl

Toppings

2 Bch	gekochter Basmatireis
1	Avocado in Scheiben geschnitten (und als Deko mit Ausstechförmchen in Sterne geschnitten)
1 Handvoll	Blaubeeren
6	Cherrytomaten
	ein wenig Petersilie

1. Erhitze in einer Pfanne etwas Öl und brate die Zwiebeln und Süßkartoffelwürfel für etwa 4–5 Minuten an (bis sie goldbraun sind).

2. Gib nun alle weiteren Zutaten in die Pfanne zusammen mit Wasser und verrühre es vorsichtig. Lass das Ganze bei geschlossenem Deckel für ca. 5–8 Minuten köcheln.

3. Serviere die geschmorten Süßkartoffeln mit etwas Reis, Avocado, Blaubeeren und Tomaten und lass es dir schmecken.

Kleiner Tipp:

Süßkartoffeln sind reich an Ballaststoffen und enthalten eine Reihe von Vitaminen und Mineralstoffen wie z. B Eisen, Kalzium und Selen.
Sie sind reich an Vitaminen aus der Gruppe B, Vitamin C und an Betacarotin, das sich nach dem Verzehr in Vitamin A umwandelt. Das erreichst du, wenn du kurz vor dem Servieren einen Spritzer Olivenöl hinzufügst, um die Aufnahme von Betacarotin zu verbessern.

Polnische Sauergurkensuppe

mit Sauerteigbrot

 25 min

Zutaten für 4–5 Personen

600 g	Salzgurken mit Gurkenflüssigkeit
1,5 l	Gemüsebrühe
3–4	getrocknete Steinpilze
50 ml	vegane Sahne oder Milch
1 EL	veganes Ghee
3	große Kartoffeln
3	Möhren
1	Petersilienwurzel
½	Sellerieknolle
3	Pimentkörner
2	Lorbeerblätter
13	Dillstängel
2	Petersilienstängel
	Salz & Pfeffer

restliche Zutaten

Sauerteigbrot
etwas Butter
gehackte Petersilie

1. Die Kartoffeln, Möhren, Petersilienwurzel und Sellerie waschen, schälen und in kleine Würfel schneiden.
2. Gurken groß reiben.
3. Danach in einem großen Topf Gurken und Steinpilze in dem Ghee anschwitzen und 10 Minuten auf kleiner Flamme braten lassen.
4. Nun Kartoffeln, Möhren, Sellerie, Petersilienwurzel, Pimentkörner und Lorbeerblätter in der Gemüsebrühe zum Kochen bringen und so lange kochen, bis die Kartoffeln weich gekocht sind.
5. Anschließend die Gurken mit Gurkenwasser, Salz und Pfeffer, die vegane Sahne oder Milch vollständig unterrühren und weitere 10 Minuten köcheln lassen. Serviere es mit gehackter Petersilie und Butterbroten.

Kleiner Tipp:

Eingelegte Salzgurken werden durch Milchsäuregärung haltbar gemacht, wobei auch alle Vitamine und Mineralien nach dem Fermentieren verbleiben. Die Milchsäurebakterien produzieren zusätzlich Vitalstoffe, diese Form des Gurkeneinlegens macht die Salzgurke zu einem probiotischen Lebensmittel, was eine gesunde Darmflora fördert, weil sie Schädlinge in Mikroorganismen und Keime zurückdrängen, was bedeutet, dass fermentierte Lebensmittel bei Blähungen oder Verstopfung helfen.

ABENDESSEN

Herzhafter Ghee-Porridge

mit Spiegelei und Gurken-Apfel-Salat

 10 min

Zutaten für 2 Personen

Porridge

1½ Tas	trockene zarte Haferflocken
3–4 Tas	Wasser
	Salz und Pfeffer
1 EL	Ghee
⅓ TL	Knoblauchpulver

Salat

½	Gurke
1	grüner Apfel
8 cm	Porree
½ TL	Zitronensaft
	Salz & Pfeffer
½ TL	Oregano

Toppings

2	Eier
1 Handvoll	Cherrytomaten
	Hotdogzwiebeln
	Avocadoscheibchen
	ein paar Blaubeeren

Porridge und Spiegelei

1. Wasser zum Kochen bringen. Haferflocken, Gewürze und Ghee oder Butter hinzufügen, Hitze etwas reduzieren und ca. 3 Minuten kochen lassen, bis die gesamte Flüssigkeit absorbiert ist.
2. Erhitze in der Zwischenzeit ein wenig Öl in einer Pfanne und brate das Spiegelei so lange, bis das Eiweiß fest wird.

Salat

1. Schneide das Gemüse und den Apfel in Würfel.
2. Gib alles zusammen mit den Gewürzen in einen Mixer und verkleinere sie, bis sie wie gerieben aussehen.

Kleiner Tipp:

Eier sind nicht nur leicht in der Zubereitung und wirklich köstlich, sie sind auch reich an Selen, Vitamin D, B6, B12, Zink, Eisen und Kupfer. Sie sind eine gute Quelle für die fettlöslichen Vitamine A, D, E und K sowie Lecithin.

Barbecue Blumenkohl

mit Tomatenpürree

10–15 min

Zutaten für 3 Personen

1	Blumenkohl
½ Tas	Tomatenpüree
¼ Tas	Reisessig
2 EL	Sojasoße
2 EL	Speisestärke
2 EL	Reismehl
2	Knoblauchzehen (fein gehackt)
1 EL	Agavendicksaft
2 EL	BBQ-Gewürzpulver oder
½ Tas	BBQ flüssige Soße
⅓ TL	Salz
⅓ TL	Ingwer (fein gehackt)
1 Prise	Cayennepfeffer
3 EL	Öl

1. Wasche den Blumenkohl und brich ihn in Röschen.
2. Vermische in der Zwischenzeit alle Zutaten zu einer Marinade und mariniere gründlich den Blumenkohl.
3. Erhitze den Ofen auf 200° C.
4. Belege das Backblech mit dem marinierten Blumenkohl und backe ihn für 10–15 Minuten bei 160° C im Ofen.
5. Sobald der Blumenkohl fertig gebacken ist, wird er aus dem Ofen genommen und mit dem Dressing deiner Wahl serviert.

Kleiner Tipp:

Blumenkohl: Das Blütengemüse ist arm an Kohlenhydraten und Proteinen, dafür reich an Ballaststoffen, Vitamin C, K, Calcium und Kalium und auch Magnesium. Blumenkohl besteht zu 90 % aus Wasser und enthält kaum Fett oder Zucker. Dank seiner leichten Verdaulichkeit ist Blumenkohl sogar für Menschen mit einem empfindlichen Magen-Darm-Trakt geeignet. In unserer Küche ist er ebenso sehr vielfältig, eignet sich perfekt als Ersatz zu Reis als Blumenkohlreis oder bei einer veganen Diät gebacken als Wings, Steaks oder auch Braten. Es ist ein perfektes Suppen- oder Beilagengemüse.

Bratkartoffelsalat

mit Zucchini

 20 min

Zutaten für 3 Personen

500 g	Frühlingskartoffeln
1	große Zucchini
1 EL	Olivenöl
1	Knoblauchzehe
	Salz, Pfeffer
2 EL	Balsamico
⅓ TL	frischen Rosmarin
	Zitronenschale (gerieben aus ½ Zitrone)
	1 EL Zitronensaft
	Kräuter (Basilikum, Petersilie)

1 Vermische Balsamico, Olivenöl und Kräuter zu einer Marinade. Wasche die Kartoffeln in der Zwischenzeit und schneide sie anschließend in Wedges. Wasche und schneide die Zucchini.

2 Mariniere nun die Kartoffeln und Zucchini, gib sie in eine Backform (oder auf ein Backblech) und backe sie für 15–20 Minuten bei 180° C.

3 Serviere das gebackene Gemüse mit Pesto, 1 EL Zitronensaft und frischen Kräutern.

Kleiner Tipp:

Zucchini bestehen zum größten Teil aus Wasser und sind reich an Kohlenhydraten, Eiweiß, Kalzium, Magnesium, Eisen, B-Vitaminen, Vitamin A und Vitamin C. Zucchini enthalten viele Ballaststoffe und wenig Kalorien.
Das Kuchen-alles-Könner-Gemüse regt nach dem Verzehr die Darmtätigkeit an und beugt Verstopfungen vor. Die Zucchini liefert uns eine Menge an Wasser, was sie zu einem perfekten Diätgemüse macht, sie kann uns auch im Kampf gegen hohen Blutdruck helfen und stärkt unser Immunsystem.

Bunte Pommes

mit Joghurt-Tahini-Soße

 15–20 min

Zutaten für 3–4 Personen

4	Karotten
5	Kartoffeln
2	Süßkartoffeln
2 EL	Sonnenblumenöl
	Salz, weißer Pfeffer
¼ TL	Rosmarin

Soße

1 Bch	Joghurt
1 EL	Tahini
	Salz, Pfeffer
2	Knoblauchzehen

1 Backofen auf Umluft 200° C vorheizen. Möhren, Süßkartoffeln und Kartoffeln schälen, putzen, waschen und in lange gleichgroße Stifte schneiden. Mit Öl und mit Rosmarin gründlich mischen, salzen, auf ein mit Backpapier belegtes Blech verteilen und bei 180° C ca. 15–20 Minuten backen. Dabei ab und zu vorsichtig wenden und schauen, ob sie nicht früher fertig sind.

2 Während die Pommes backen, vermische alle Soßenzutaten zu einer gleichmäßigen Soße.

Kleiner Tipp:

Tahini ist eine Paste, zubereitet aus gerösteten und gemahlenen Sesamkörnern, welche relativ kalorienarm, aber reich an Ballaststoffen, Proteinen und einer Auswahl wichtiger Vitamine und Mineralien ist. Der Verzehr von Tahini verbessert die Herzgesundheit und verringert Entzündungen und ist bekannt als potenzieller Krebsschutz.
Tahini kommt aus der mediterranen Küche und wird häufig auch in traditionellen asiatischen, orientalischen und afrikanischen Gerichten verwendet.

Quinoasalat

mit Paprika und Tomaten

 20 min

Zutaten für 4 Personen

⅔ Tas	Quinoa
1⅓ Tas	Wasser
3 EL	Olivenöl
1 EL	Tahini
	Saft von ½ Limette
1¼ EL	Kreuzkümmel
1 EL	Majoran
1 TL	Salz
1 Tas	geschnittener Rotkohl
½	große Gurke
¼	Eisbergsalat
1	gekochte Süßkartoffel in Würfeln
½	rote Paprika
¼ TL	weißer Pfeffer
5	Kirschtomaten
½	Avocado
1	Frühlingszwiebel
	frische Petersilie
	Salz und schwarzer Pfeffer nach Geschmack
	Sesam

1 Quinoa und Wasser in einen Topf geben und das Wasser zum Kochen bringen. Dann die Hitze auf die Hälfte reduzieren, die Quinoa hinzufügen und alles ca. 15 Minuten köcheln lassen. Die Quinoa ist gekocht, wenn sie das ganze Wasser aufgesaugt hat. 10 Minuten abkühlen lassen.

2 Wasche, schäle und würfle in der Zwischenzeit die Süßkartoffel. Koche sie in gesalzenem Wasser, bis sie weich wird, aber nicht zu lange, damit sie nicht auseinanderfällt.

3 Als Nächstes in einer großen Salatschüssel das Olivenöl mit weißem Pfeffer, Majoran, Kreuzkümmel, Tahini und Salz mischen. Die Limette auspressen und mit würzigem Olivenöl mischen.

4 Dann das Gemüse hacken und alles zusammen mit den Süßkartoffeln und der Quinoa zu der Soße hinzufügen.

5 Bei Bedarf mit Salz und schwarzem Pfeffer würzen und alles mischen.

6 Serviere mit Avocado und Sesam. Du kannst es frisch essen oder 1–2 Tage im Kühlschrank aufbewahren.

Quinoa-Fenchel-Salat

mit Feta und Kichererbsen

Zutaten für 4 Personen

½ Pck	Rucola
2 Kn	Fenchel
1,5 Tas	Quinoa
1 Dose	Kichererbsen (abgetropft)
1	Karotte (klein gewürfelt)
½ Pck	Fetakäse
1	kleine rote Zwiebel
	Optional
1 EL	Hanfsamen oder Sonnenblumenkerne

Fürs Dressing

1 EL	natives Olivenöl extra
1 TL	Apfelessig
1 EL	Zitronensaft
½ TL	Honig oder Agavendicksaft
1 Prise	Meersalz
1 Prise	gemahlener schwarzer Pfeffer

Kleiner Tipp:

Die aromatische Fenchel Pflanze, hat eine heilende Wirkung auf unsere Verdauung. Neben Fencheltee wird die Fenchelknolle dagegen sehr oft in unserer Küche vergessen, obwohl sie unseren Salaten, Aufläufen und Eintöpfen einen wunderbaren lakritzähnlichen Geschmack verleiht.
Fenchel ist gesund, da er reich an Ballaststoffen, Kalium, Folsäure, Vitamin C, Vitamin B-6 und Phytonährstoffen ist.

1. Quinoa und Wasser in einen Topf geben und das Wasser zum Kochen bringen. Dann die Hitze auf die Hälfte reduzieren, die Quinoa hinzufügen und alles ca. 15 Minuten köcheln lassen. Die Quinoa ist gekocht, wenn sie das ganze Wasser aufgesaugt hat. 10 Minuten abkühlen lassen.

2. Wasche in der Zwischenzeit die Fenchel, schneide sie in größere Stücke, wasche, schäle und würfle die Möhre, schäle und schneide die Zwiebel.

3. Wasche und trockne den Rucola ab und trockne die Kichererbsen ab.

4. Sobald die Quinoa gekocht ist, stelle sie beiseite, um es abkühlen zu lassen. Wenn die Quinoa abgekühlt ist, vermische in einer großen Salatschüssel alle Dressingzutaten, gib Rucola, das gehackte Gemüse und Kichererbsen hinzu und vermische alles.

5. Bei Bedarf mit Salz und schwarzem Pfeffer würzen und alles noch mal mischen.

6. Serviere es mit zerstreutem Fetakäse und Hanfsamen oder Sonnenblumenkerne.

Prinzessbohnen-Salat

mit Erdnüssen

 10 min

Zutaten für 3 Personen

750 g	Prinzenbohnen
1	Granatapfel
½ Dose	Erdnüsse
1 EL	Sesam
1 EL	Sesamöl
	Salz, Pfeffer
1 TL	Chiliflocken

1 Die Prinzessbohnen in kochendem Wasser für ca. 2 Minuten blanchieren, damit sie knackig bleiben und immer noch ihre schöne grüne Farbe beibehalten.

2 Mit kaltem Wasser abschrecken und abtrocknen.

3 Schäle nun sorgfältig den Granatapfel und schneide die Kerne sorgfältig heraus.

4 Gib nun alle Zutaten in eine große Salatschüssel und vermische sie gründlich.

Kleiner Tipp:

Prinzessbohnen, Brechbohnen, grüne Bohnen oder französische Bohnen tragen nicht nur ganz viele verschiedene Namen sondern bieten eine Vielzahl von Vorteilen für unseren Körper. Sie sind nicht nur kalorienarm und enthalten kein gesättigtes Fett, sondern sind auch eine fantastische Quelle für Ballaststoffe, Vitamin C und A sowie Mineralien wie Eisen, Kalzium und Magnesium.

Rote Beete-Salat

mit Äpfel und Quinoa

 15–20 min

Zutaten für 3–4 Personen

2	Rote Bete (geschält und gerieben)
200 g	Quinoa
	Salz und Pfeffer
2 EL	Weißweinessig
1 EL	Granatapfelsirup (säuerlich)
1 EL	Olivenöl
1	Apfel (gerieben)
½	Granatapfel
1 Handvoll	gehackter Koriander
2 EL	Hanfsamen
1	rote Paprika (gewürfelt)
1	rote Zwiebel (gewürfelt)

1. Quinoa abspülen und in ½ l kochendem Salzwasser garen. Wenn es fertig gekocht ist, zum Abkühlen beiseite stellen.

2. In der Zwischenzeit Rote Beten waschen, schälen und reiben.

3. Granatapfel halbieren, in grobe Stücke brechen und die Kerne herauslösen. Koriander waschen und hacken.

4. Zwiebeln und Paprika schälen und fein würfeln.

5. In einer Salatschüssel Essig, Granatapfelsirup, Salz und Pfeffer verrühren, Öl darunter schlagen und alle restlichen Salatzutaten hinzufügen, alles gründlich vermischen.

Kleiner Tipp:

Äpfel enthalten viele Mineralstoffe und Spurenelemente wie zum Beispiel Kalium, welches den Wasserhaushalt reguliert, Eisen, viele verschiedene Fruchtsäuren und Ballaststoffe, welche die Darmtätigkeit regulieren. Sie enthalten auch wichtige Vitamine wie Vitamin A, die Vitamine B1, B2, B6, E und C und Pektin, welches den Cholesterinspiegel senkt und Schadstoffe bindet und beseitigt.
Durch die enthaltenen Flavonoide und Carotinoide kann der Verzehr von Äpfeln das Krebsrisiko mindern und hat eine antioxidative Wirkung. Es ist wichtig, zu bedenken, dass sich bis zu 70 % der Vitamine eines Apfels in der Apfelschale oder direkt darunter befinden. Die Schale ist zudem reich an Ballaststoffen, Eisen, Magnesium, ungesättigten Fetten.

gesunder Snack-Teller

mit Rote-Bete-Hummus

 10 min

Zutaten für 3 Personen

Hummus

1 Dose	Kichererbsen (Abtropfgewicht 250 g)
	Saft 1 Zitrone
1	frische Rote Bete
2	Knoblauchzehen
2 EL	Tahini
½ TL	gemahlener Kreuzkümmel
	falls nötig: 3 EL Kichererbsenwasser

Snacks

geräucherter Tofu
Rotkohl
Möhren
Gurken
Avocado
bunte Paprika
Zucchini

1 Kichererbsen durch ein Sieb abgießen, die Flüssigkeit behalten. Zitrone halbieren und den Saft auspressen. Rote Bete waschen und schneiden. Knoblauch schälen und hacken.

2 Gib nun alle Hummuszutaten in deinen Standmixer oder Zerkleinerer und püriere alles, bis du eine cremige Konsistenz erhältst. Falls es zu dick ist, gib ein wenig vom Kichererbsenwasser hinzu. Schmecke mit Salz und Pfeffer ab und gibt alles in eine Schüssel.

3 Wasche und schneide das ganze Gemüse in lange dünne Streifen. Schneide den Tofu ebenso in Streifen.

4 Stelle das Schüsselchen mit Hummus in die Mitte eines großen Tellers und lege das Gemüse nach der Farbenordnung wie auf dem Bild darauf.

„FOLLOW
YOUR HEART“

„AND EAT SOULFOOD“

Schwarze Bohnen-Burger

mit Zucchini und Karotten

 20 min

Zutaten für 1 Person

Patties

1 Dose	schwarze Bohnen (abgetropft)
1 Tas + 2 EL	Haferflocken (getrennt)
1	Karotte (gewürfelt)
1	kleine Zucchini (gewürfelt)
3	Knoblauchzehen
	Salz & Pfeffer
	Kreuzkümmel
	Cayennepfeffer
	Dill (getrocknet)

Restliche Zutaten

	Burger Buns
	BBQ-Soße
	süßer Senf
	Salat
	Tomaten & rote Zwiebeln (in Scheiben geschnitten)
1	Gurke (gestreift)

1. Püriere sämtliche Patty-Zutaten in deinem Blender auf mittlerer Stufe, bis du eine feste und gleichmäßige Konsistenz erhältst.

2. Forme anschließend die Patties in der Größe der Burger Buns.

3. Erhitze etwas Öl in einer Pfanne und brate die Patties auf mittlerer Stufe beidseitig für je 5 Minuten.

4. Halbiere die Buns und grille diese 2 Minuten auf der Innenseite. Bestreiche die untere Seite des Buns mit BBQ-Soße und gib ein Salatblatt darauf.

5. Belege als Nächstes das Ganze mit einem Pattie, Tomatenscheiben, Zwiebeln und Gurkenrollen. Bestreiche die innere Seite des oberen Buns mit süßem Senf und decke deinen Burger.

Kleiner Tipp:

Schwarze Bohnen sind reich an Ballaststoffen, Kalium, Folsäure, Vitamin B6 und Phytonährstoffen. Schwarze Bohnen werden in der europäischen Küche zu oft vergessen. Neben einem köstlichen nussigen Geschmack liefern sie uns eine Menge an gesunden Proteinen. Dank wenig Cholesterin sind sie gut für unser Herz. Schwarze Bohnen eignen sich perfekt für vegane Burger, aber auch für Salate, Eintöpfe oder Chilis.

Spinat-Grünkohl-Crêpes

mit Süßkartoffelfüllung

 30 min

Zutaten für 3 Personen

Crêpes

2 Handvoll frischer Spinat (nach Wahl Grünkohl)
1 EL Pflanzenöl
Pfeffer
1 Tas Buchweizenmehl
2 EL Speisestärke
½ TL Salz
1 Prise Pfeffer
1½ Tas Wasser
1 großes Ei oder
1 TL Chiasamen +
3 EL Wasser (als Flachs Ei für eine vegane Version)
1 EL Apfelessig

Füllung

2 mittlere Süßkartoffeln (gekocht oder gebacken)
2 gehackte Knoblauchzehen
⅓ TL Kreuzkümmel
Salz & weißer Pfeffer
1 Messerspitze Backpulver
1 fein gehackte weiße Zwiebel
2 EL Öl

Toppings

frisch gehackte Petersilie
Cherrytomaten
Hanfsamen
Avocado

Crêpes

1. Mehl, Speisestärke, Pfeffer, Backpulver und Salz in einer Schüssel vermischen.
2. In einem Mixer Wasser und Spinat glatt rühren, dann Ei oder Chiaegg und Apfelessig untermischen.
3. Füge die gemischten trockenen Zutaten zu den pürierten mit Wasser und Spinat, füge alle restlichen Crêpezutaten ebenso in den Mixer und erstelle damit einen glatten Teig.
4. Die eingefettete Pfanne auf mittlerer Hitze mit einer Kelle Teig füllen und den Teig dünn verteilen. Auf jeder Seite 2–3 Minuten anbraten.

Füllung

1. Die Süßkartoffeln kochen, dann die geschälte Zwiebel und den Knoblauch in einer geölten Pfanne goldbraun braten.
2. Zerstampfe die Kartoffeln und gib alle Zutaten in eine Schüssel.
3. Fülle die Crêpes und serviere sie mit frischen Tomaten, Avocado, Hanfsamen, Petersilie, etwas Salz und frisch gemahlenem Pfeffer.

Süßkartoffelpuffer

mit Kräuterquark

15–20 min

Zutaten für 3–4 Portionen

2	mittlere Süßkartoffeln (geschält und gerieben)
1	Zwiebel (fein gehackt)
2	Karotten (gerieben)
½ TL	Zitronensaft
2 EL	Maismehl
3 EL	Kichererbsenmehl
4 EL	Wasser
1 EL	Chiamehl
	Frisch gemahlener schwarzer Pfeffer
⅓ TL	Knoblauchpulver
	Kreuzkümmel kneifen
1 EL	Pflanzenöl

Soße

500 g	Magerquark
200 g	Joghurt (0,1 % Fett)
1	Zwiebel (fein gewürfelt)
½ TL	Essig
2	gepresste Knoblauchzehen
	Salz und Pfeffer aus der Mühle
	Petersilie, Schnittlauch, Dill

1. In einer großen Schüssel alle Zutaten der Süßkartoffelpuffer gründlich mischen, den Teig für ca. 10 Minuten beiseitestellen.

2. Vermische in der Zwischenzeit alle Kräuterquarkzutaten in einer Schüssel und stelle sie in den Kühlschrank.

3. Das Öl in einer großen beschichteten Pfanne auf mittlerer Hitze erwärmen. Gib pro Puffer einen großen Esslöffel des Süßkartoffelpufferteigs in die Pfanne und forme mit dem Löffel einen dünnen Pfannkuchen mit einem Durchmesser von etwa 5 cm. Lass den Puffer ungerührt in der Pfanne für ca. 2 Minuten kochen, drehe ihn um und lass ihn auf der anderen Seite für ca. 2 Minuten braten, bis alles durchgegart und leicht gebräunt ist. Serviere anschließend die Puffer mit Kräuterquark und erfrischenden Gurkenstreifen.

Kleiner Tipp:

Die herkömmlich bekannten Küchenkräuter wie Petersilie, Dill und Schnittlauch, ob frisch, tiefgekühlt oder auch getrocknet, verfeinern nicht nur den Geschmack, sondern liefern auch große Mengen an Calcium, Kalium, Eisen, Vitamin C, Vitamin K1 und Vitamin A. All diese Stoffe haben eine positive Wirkung auf unsere Körper.

Krustenlose Tomatentarte

mit Zwiebeln und Spargel

 40 min

Zutaten für 2 Personen

Tarte

1	gehackte Zwiebel
½ Tas	Reismehl
1 EL	gemahlene Chia
2 EL	Maisstärke
1½ Tas	Kichererbsen
3 EL	veganer Quark
2 EL	Olivenöl
1½ Tas	Wasser
½ EL	Backpulver
¼ TL	geräuchertes Paprikapulver
	Salz & Pfeffer
1 TL	getrocknetes Basilikum
⅔ TL	Kuminpulver
1 Prise	Thymian
150 g	grüner Spargel (geschnitten)
3	große Tomaten (in Scheiben geschnitten)

1. Heize den Ofen bei Umluft auf 170° C vor.
2. Verrühre alle Zutaten der Tarte bis auf den Spargel und die Tomatenscheiben zu einer festen Masse und rühre den Spargel anschließend vorsichtig unter.
3. Nimm eine Tarteform zur Hand, bestreiche diese mit etwas Öl und bestäube sie anschließend leicht mit etwas Mehl.
4. Gib nun die Teigmasse gleichmäßig in die Form und belege den Teig mit den Tomatenscheiben.
5. Backe nun die Tarte in dem vorgeheizten Ofen für ca. 15 Minuten und teste anschließend mit einem Stäbchen, ob der Teig schon durch ist.
6. Serviere mit Oliven, frischem Basilikum und grob gemahlenem Pfeffer.

Kleiner Tipp:

Tomaten lieben wir alle, sie sind vielfältig, saftig und leicht verdaulich. Sie sind auch eine großartige Quelle für Vitamin C, Kalium, Folsäure, Vitamin K und Antioxidans. Der Verzehr von Tomaten führt zu einem verringerten Risiko für Herzkrankheiten und Krebs. Tomaten sind kalorienarm und eignen sich damit als Diätnahrung.

Bauernomelett

mit Spinat, Pilzen und Chili-Soße

 10 min

Zutaten für 1 Person

Omelett

1 Tas	Kichererbsenmehl
2 EL	gemahlene Leinsamen oder fein gemahlene Chiasamen
2 TL	Backpulver
1 Prise	Salz & Pfeffer
½ TL	Kurkuma
½	Knoblauchpulver
1 Prise	Zitronengraspulver
1 Prise	Kumin
1 Tas	Wasser
½ Tas	pflanzliche Milch (ungesüßt)

Restliche Zutaten

200 g	geschnittene Pilze
100 g	Blattspinat
1 Prise	Salz & Pfeffer
1	gehackte Knoblauchzehe

1. Verrühre alle Zutaten zu einem cremigen Teig. Erhitze die Pfanne mit etwas Öl und brate die Pfannkuchen auf mittlerer Stufe für ca. 2 Minuten von beiden Seiten, bis diese eine schöne goldbraune Farbe bekommen haben. Gib die fertigen Omeletts auf einen Teller.

2. Gib einen weiteren Schuss Öl in die nun leere Pfanne und brate für 5 Minuten die Pilze, den Spinat und den Knoblauch an. Würze diese mit einer Prise Salz und Pfeffer.

3. Richte die fertigen Omeletts auf Tellern an und teile die Pilze und den Spinat gleichmäßig auf deine Omeletts auf. Verfeinere die zugeklappten Omeletts mit einem Schuss Chili-Soße.

Kleiner Tipp:

Weiße Champignons sind eine der wenigen nichttierischen Vitamin-D-Quellen. Außerdem enthalten alle Sorten von Speisepilzen Eiweiß und Ballaststoffe. Sie enthalten auch Vitamin B sowie Selen, welches das Immunsystem unterstützt und Schäden an Zellen und Gewebe verhindert.

Veganer Caesar-Salat

mit Kapern und Weintrauben

 10 min

Zutaten für 3 Personen

2 Köpfe	Römersalat (gehackt)
1	Avocado (gewürfelt)
1 Handvoll	glutenfreie Croûtons
1	Tofu (gewürfelt)
3–4	große Kapern (in Viertel geschnitten)
1 Handvoll	grüne Weintrauben (in Scheibchen)
	Frisch gemahlener schwarzer Pfeffer, Salz

Soße

1 EL	körnigen Senf
½ Tas	vegane Mayonnaise von Seite … oder Joghurt
1 TL	Knoblauchpulver
1 EL	Sojasoße
1 EL	Ahornsirup
1 EL	natives Olivenöl extra
1 TL	Zitronensaft

1. Vermische in einer Schüssel alle Dressingzutaten zu einer gleichmäßigen Soße, stelle es beiseite.
2. Wasche und schneide die Weintrauben und den Salat. Hole die Kapern aus dem Glas und schneide sie in Viertel, schäle die Avocado und schneide sie in größere Würfel. Trockne als Nächstes den Tofu ab und schneide ihn ebenso in größere Würfel.
3. Gib alles in eine Salatschüssel, gieße die Soße drauf und toppe alles mit Croûtons.

Kleiner Tipp:

Das scharfe Gewürz gehört nicht ohne Grund zu meinen Lieblingslebensmitteln. Neben dem leckeren Geschmack gilt es noch immer als ein altes Heilmittel. Es hilft auch beim Abnehmen und macht fettreiche Mahlzeiten erträglicher. Durch seine ätherischen Öle kann Senf unsere Durchblutung anregen, wirkt ebenso antibakteriell und wehrt Keime ab. Die scharfen Öle regen die Verdauung an und bringen die Magensäfte in Schwung, da es die Magensäure neutralisiert. Senf kann auch uns vor einem Krebsrisiko schützen.

Gemüsesalat

mit Mais und Erbsen

 1 Std

Zutaten für 4 Personen

3	mittlere Kartoffeln
3	große Karotten
2	dünne Petersilienwurzeln
200 g	Selleriewurzel
1	große eingelegte Gurke
1	kleine Zwiebel
1 Dose	gelber Mais
1	kleiner Apfel
1 Dose	Erbsenkonserven
4 EL	gute vegane Mayonnaise
4 EL	ungesüßter Joghurt
2 EL	Senf
	Salz & Pfeffer

1 Karotten, Petersilienwurzeln und ein Stück Sellerie und Kartoffeln gründlich waschen. Schäle sie nicht. Gib die Gemüse in einen Topf mit Wasser und koche es abgedeckt, bis es weich ist. Sei vorsichtig und koche sie nicht länger als 30 Minuten bei mittlerer Hitze – sie müssen fest bleiben.

2 Nimm nach dem Kochen die Gemüse aus dem Wasser und lass sie für 15 Minuten abkühlen. Schäle und würfle in der Zeit die Äpfel und Zwiebeln.

3 Trockne die Erbsen und den gelben Mais. Schäle und würfle all das gekochte Gemüse und gib alles in eine große Schüssel zusammen mit den restlichen Zutaten und vermische es gründlich.
Du kannst es frisch essen, aber auch noch 2–3 Tage in einer geschlossenen Box im Kühlschrank aufbewahren.

SWEETS

Avocado-Chocolate-Brownies

mit Schokostreuseln

 40 min

Zutaten für 4-5 Personen

Brownies

1½ Tas	Buchweizenmehl
¾ Tas	Kokosblütenzucker
⅔ Tas	Kakaopulver (ungesüßt)
1 TL	Backpulver
½ Tas	Wasser
1	Avocado (zerstampft)
¼ Tas	pflanzl. Milch
2 EL	Kokosöl
5 Tr	Vanilleextrakt
2 EL	Leinsamen (gemahlen)
1 Prise	Salz

Topping

3 EL	Kürbiskerne
2 EL	Kakao-Nibs

1 Heize den Backofen auf 160° C Umluft vor.

2 Gib Zucker, Mehl, Kakaopulver, Backpulver und Salz in eine Schüssel und verrühre alles ordentlich. Gib die restlichen Zutaten in eine weitere Schüssel und verrühre auch diese. Füge nun den Inhalt der beiden Schüsseln in einer der Schüsseln zusammen und verrühre alles gründlich, bis du eine gleichmäßige Masse erhältst.

3 Nimm ein Backblech zur Hand und fette dieses gründlich ein. Fülle den Teig nun auf das Backblech und verteile diesen gleichmäßig. Backe die Brownies für ca. 25 Minuten und teste mit einem Zahnstocher, ob diese durch sind. Nimm die Brownies aus dem Backofen und lass sie abkühlen. Sobald die Brownies kühl sind, kannst du sie mit den Kürbiskernen und den Kakao-Nibs dekorieren.

Kleiner Tipp:

Der Verzehr von Schokolade – insbesondere von Bitterschokolade – erhöht den Antioxidantien-Spiegel für einige Zeit. Denn Kakaopulver enthält bestimmte Flavonoide, die sich positiv auf Herz und Blutdruck auswirken, Schokolade lindert ebenso Stress und macht uns glücklich.

Schokoladen-Proteinkugeln

mit Datteln und Haferflocken

 20 min

Zutaten für 10–15 Kugeln

½ Tas	zarte Haferflocken
2 EL	Hanfsamen
8	entkernte Medjool-Datteln
3–4 EL	Proteinpulver
3 EL	Erdnussbutter
2 EL	Kakao
1 EL	Kakao-Nibs
2 EL	getrocknete Moosbeeren

Geschmolzene Schokolade zur Dekoration

1. Gib alle Zutaten in eine leistungsstarke Küchenmaschine und mixe alles zu einer festen klebrigen Masse.

2. Wenn der Teig zu feucht ist, füge einige trockene Zutaten deiner Wahl hinzu, wie Chiasamen oder Nüsse. Wenn es bröckelig oder zu trocknen ist, füge etwas mehr Erdnussbutter hinzu und vermischen es erneut.

3. Gib den Teig in eine Schüssel, entnimm teelöffelgroße Kugeln vom Teig und rolle sie in 10 größere oder 15 kleinere Kugeln und lege sie auf eine Platte.

4. Stell die Kugeln für 15 Minuten in den Kühlschrank, um sie zu festigen, bevor du sie servierst.

Gebackene Mandeldonuts

mit Schokoglasur

 45 Min

Zutaten für 4 Personen

Donutform

¾ Tas	feines Mandelmehl
¾ Tas	Buchweizenmehl
6 EL	Kartoffelstärke
2 TL	Backpulver
5 EL	Ahornsirup
2 EL	Wasser
½ Dose	Kokosmilch
5 Tr	Vanilleextrakt
1 Prise	Zimt & Salz

Glasur

60 g	Schokolade (geschmolzen)

1. Heize den Ofen auf 200° C Umluft vor.
2. Gib das Mandelmehl, Buchweizenmehl, die Kartoffelstärke und das Backpulver in eine große Schüssel und verrühre es. Füge Wasser, Kokosmilch, Ahornsirup, Vanilleextrakt, Zimt und Salz hinzu und verrühre es gründlich, bis du einen gleichmäßigen Teig erhältst.
3. Nimm nun die Donutform zur Hand und befülle diese mit dem Teig bis max. ¾ der Höhe.
4. Reduziere nun die Ofentemperatur auf 180° C und backe die Donuts für ca. 15 Minuten (bis sie leicht goldbraun sind) und nimm die Form anschließend aus dem Backofen. Bevor du die Donuts aus der Form nimmst, lass diese für mindestens 20 Minuten abkühlen. Drücke nun die Donuts aus der Form und glasiere sie mit der geschmolzenen Schokolade.

Glutenfreie Donuts

mit blauer Puddingglasur

 45 min

Zutaten für 4 Personen

Donutform

1 Tas	Hafermehl
1 Tas	Reismehl
5 EL	Agavensirup
1 EL	Backpulver
1 EL	Kartoffelstärke
1 EL	Wasser
1 EL	Kokosöl
1 Tas	pflanzl. Milch
1 EL	Apfelessig
1 Prise	Salz

Glasur

5 EL	Agavensirup
2 EL	Kartoffelstärke
1½ Tas	pflanzl. Milch
1 Prise	Salz
1 Prise	Butterfly Pea Powder (Schmetterlingsblüte: für die blaue Farbe)

Kleiner Tipp:

Schmetterlingserbsenblüten sind als erfrischendes Spa-Getränk aus Asien bekannt. Da die Pflanzen reich an Antioxidantien sind, können sie deinem Körper helfen, gegen Entzündungen zu kämpfen und die Herzgesundheit zu fördern.

Donuts
Heize den Ofen auf 200° C Umluft vor.

1. Gib das Hafermehl, das Reismehl und das Backpulver in eine große Schüssel und verrühre es. Füge Wasser, Milch, Agavensirup, Salz und den Apfelessig hinzu und verrühre es zum gleichmäßigen Teig.
2. Nimm nun die Donutform zur Hand und befülle diese mit dem Teig bis max. ¾ der Höhe.
3. Backe die Donuts bei 180° C für ca. 15 Minuten, nimm die Form anschließend aus dem Backofen und lasse es 5 Minuten abkühlen. Drücke nun die Donuts aus der Form und lass diese vollständig abkühlen.

Glasur
In einer Schüssel sämtliche trockenen Zutaten mit einer halben Tasse Milch mischen. Bringe die restliche Milch zum Kochen und reduziere anschließend die Temperatur auf die niedrigste Stufe. Rühre nun langsam deine Glasurmischung in die heiße Milch. Sobald du eine gleichmäßig feste Konsistenz erhältst, kannst du den Topf vom Herd nehmen und die Glasurmasse für 5 Minuten abkühlen lassen. Glasiere nun die Donuts mit der Glasur und lass diese für weitere 20 Minuten abkühlen.

Kirchererbsen-Cookies

mit Schokodrops

 40 min

Zutaten für 2 Personen

Cookies

1 Dose	Kichererbsen (abgetropft)
½ Tas	Hafermehl
½ Tas	Kokosblütenzucker
3 EL	Erdnussöl
1 EL	Vanilleextrakt
½ TL	Backpulver
1 EL	Apfelessig
60 g	dunkle Schokolade (gehackt)
1 Prise	Salz

Topping

veg. Eis deiner Wahl

1 Heize den Backofen auf 160° C Umluft vor.

2 Mixe die Kichererbsen, das Erdnussöl und die Vanille in einem Blender, bis du eine cremige Masse erhältst. Gib nun sämtliche weiteren Zutaten (außer die Schokolade) dazu und mixe es für weitere 2 Minuten.

3 Rühre nun vorsichtig die Schokoladenstücke unter und forme mit einem großen Löffel Cookies.

4 Breite die Cookies auf einem Backblech aus und backe diese für 15–20 Minuten.

5 Serviere nach Belieben mit veganem Eis.

Kleiner Tipp:

Apfelessig ist ein natürliches Abführmittel und kann die Verdauung verbessern, erhöht das Sättigungsgefühl und hilft Menschen, Gewicht zu verlieren und ihren Anteil an Bauchfett zu reduzieren. Außerdem senkt es den Blutzuckerspiegel und verbessert die Insulinsensitivität, wie es auch den Cholesterinspiegel und den Blutdruck senkt.

„TIME IS NOW“

„JOIN YOUR
SOULFOOD“

Veganer Zitronen-Mohnkuchen

mit Kokoscreme & Erdbeeren

 1 Std

Zutaten für 5-6 Personen

Kuchen

150 g	Mehl
50 g	Kokosmehl
30 g	gemahlener Mohn
100 g	Zucker/Xylit
1 Pck	Backpulver
1 Prise	Salz
1 Prise	Kurkuma
120 ml	Joghurt (ungesüßt)
100 ml	Milch
30 ml	Zitronensaft
125 g	weiche Margarine oder Kokosöl
1	abgeriebene Schale einer Zitrone
1 Pck	Vanillezucker

Creme

300 g	Quark
100 g	Puderzucker
200 g	abgekühlte dicke Kokosmilch (ohne Flüssigkeit)
1 Pck	Sahne (fest)

Topping

Erdbeeren
Erdbeermarmelade
Haselnüsse

1. Heize den Backofen auf 200° C vor und fette eine kleine Runde Form gründlich ein. Vermische alle trockenen Zutaten in einer Schüssel.
2. Alle restlichen Zutaten zu einem gleichmäßigen Teig vermischen.
3. Gib den Teig in die Form und backe ihn ca. 25 Minuten auf 180° C Umluft.
4. Hole den Kuchen aus der Form und lass ihn vollständig abkühlen.
5. Gib in der Zwischenzeit 300 g Quark zusammen mit 200 g abgekühlter Kokosmilch und 100 g Zucker in eine Schüssel. Gib 1 Packung Sahnesteif dazu und mixe es zur cremigne Konsistenz.
6. Schneide den abgekühlten Kuchen in 3 Schichten und beschmiere ihn Schicht für Schicht mit Creme und platziere mittig einen Hauch von Erdbeermarmelade.
7. Lege die einzelnen Schichten übereinander und bestreiche die oberste Schicht gründlich mit Creme.
8. Belege den Kuchen mit Haselnüssen und Erdbeeren und lass ihn vor dem Servieren 10 Minuten abkühlen.

Erdnussbutter-Bananenbrot

mit Chiasamen

 35 min

Zutaten für 4-5 Personen

Bananenbrot

1 Tas	Buchweizenmehl
5	reife Bananen (zerstampft)
2 EL	Erdnussbutter
5 EL	Agavensirup
1 Tas	pflanzl. Milch
2 EL	Mandelmehl
1 EL	Maisstärke
1 EL	Kokosöl (geschmolzen)
1 EL	Chia (gemahlen)
5 Tr	Vanilleextrakt
1 Prise	Salz

Topping

50 g	weiße Schokolade

1. Zerstampfe die Bananen mit einer Gabel oder einer Kartoffelpresse in einer großen Schüssel. Gib anschließend sämtliche weiteren Zutaten dazu, verrühre die Masse sorgfältig, bis du einen gleichmäßigen Teig erhältst, und fülle diesen anschließend in eine vorgefertigte Brotbackform.

2. Heize deinen Backofen auf 180° C Umluft vor und backe das Brot für 20–25 Minuten.

3. Nimm dein Brot aus dem Backofen und lass es abkühlen. Sobald das Brot abgekühlt ist, kannst du es mit der geschmolzenen Schokolade beträufeln.

Kleiner Tipp:

Bananen sind eine ausgezeichnete Kalziumquelle und liefern uns Vitamin B6, Ballaststoffe, Kohlenhydrate sowie etwas Vitamin C. Die köstliche Frucht liefert uns, im Vergleich zu anderem Obst, aufgrund seines niedrigen Wassergehalts eine gesunde Menge an Kalorien. Bananen, so wie wir sie kennen, eignen sich perfekt zum rohen Verzehr, aber sie haben viel, viel mehr drauf.
Wir können sie für Pancakes, Bananenbrote oder Porridge nutzen. Auch frittiert in Teig oder getrocknet schmecken Bananen hervorragend.

Schwarzer Johannisbeer-Crumble

mit Rhabarber

 15 min

Zutaten für 4 Personen

Streusel

50 g	Mandelmehl
1 TL	Stärke
70 g	Haferflocken
50 g	Kokosraspeln
50 g	Ghee
50 g	Xylit

Fruchtfüllung

200 g	schwarze Johannisbeeren
15 Tr	Stevia oder
100 g	Xylit/Erythrit/Zucker
4 EL	Wasser
1½ EL	Maismehl
300 g	Rhabarber in Scheiben

1. Heize den Ofen auf 180° C.
2. Gib das Mehl, den Hafer, die Kokosraspeln, Ghee und Xylit in eine Schüssel. Zerdrücke und vermische alles mit den Händen zu einer Streuselstruktur.
3. Vermische in der Zwischenzeit auf einem runden Backblech die Johannisbeeren, den Rhabarber und das Maismehl zusammen mit Wasser und Süßungsmittel.
4. Streue die Streusel über die Früchte und stelle das Backblech für 15 Minuten in den Ofen, bis es sprudelt und goldbraun ist.

Du kannst es mit Vanillejoghurt, Soße oder Eiscreme servieren.

Kleiner Tipp:

Rhabarber ist das kalorienärmste Gemüse und lässt sich in der Küche vielseitig verwenden, z. B. in Kuchen, in Kompotten, in Sorbets oder auch in diesem köstlichen Crumble.
Wegen einer großen Menge an Vitamin C stärkt Rhabarber das Immunsystem und die Abwehrkräfte. Es enthält auch Kalium, Phosphor, Eisen und große Mengen an Ballaststoffen.

Lust auf mehr?

Auf meinem Instagram Kanal findest du weitere Inspirationen zu gesunden Gerichten und abwechslungsreichen Foodstylings.
Ich freue mich auf deinen Besuch!

@pia_mia_clean_food

IMPRESSUM

Die Deutsche Nationalbibliothek verzeichnet diese Publikation in der Deutschen Nationalbibliografie; detaillierte bibliografische Daten sind im Internet über *http://dnb.ddb.de* abrufbar.

Marlena Izdebska
SIMPLY SOULFOOD
Gesunde Rezepte zum Wohlfühlen

Texte: Marlena Izdebska
Fotos: Marlena Izdebska

Gesamtherstellung: GBN TRENDS PRODUCTIONS GmbH
Redaktion / Korrektorat / Layout / Design / Satz
Neuer Höltigbaum 34, D–22143 Hamburg

Druck: GZH d.o.o. (www.gzh.hr), Zagreb

1. Auflage 2021

ISBN: 978-3-948942-02-1

Printed in Croatia

Postfach 42 04 52, D–12064 Berlin
www.daylonia.com